指示待ち部下が自ら考え動き出す！

ON

大平信孝
Ohira Nobutaka

かんき出版

はじめに

あなたは、部下に対してこんな悩みや不満、イライラを抱いていませんか？

1 指示待ちだけで自分で考えて動けない
2 自分の思いや指示がなかなか伝わらない。指示通りに動いてくれない
3 会議などの場であまり発言しない。やる気が感じられない
4 自分で調べればわかることでも質問してくる
5 トラブルやクレームなど、悪い報告をギリギリになってからしてくる
6 何を考えているのかわからない

「わかる、わかる」とうなずいた人も多いのではないでしょうか。
じつは、そんな部下は、内心こう思っています。

1 自分で仕事を進めても、どうせ「勝手に進めるな」と怒られるから指示を待っている

2 指示だけ出してやり方を教えてくれない

3 まったく期待されていない、戦力外だと思われている

4 質問しないと「なんで聞かないんだ！」と言われる

5 いつも忙しそうでイライラしているから話しかけづらい

6 何を期待されているのかわからない

この本は、このような上司と部下のミスマッチを解消し、部下を自ら考え動く人材に変える方法を紹介する本です。

部下が自ら考え動き出すことによって、あなたの仕事が劇的にラクになり、部下に対するストレス、イライラをなくすことができます。

そもそも、指示待ち部下や指示通りに動かない部下はなぜ生まれるのでしょうか。

このような部下が生まれる根本原因は、たった2つしかありません。

・自身の業務を「やらされ仕事」と感じていて、イヤイヤ仕事をしているから

↓

モチベーションの問題

・技術や経験不足のせいで自ら考え動けないから

↓

スキルの問題

自ら考え動く部下を育成し、成果を出させるためには、この2つの原因をつぶせばいいのです。

本書では、おもに、部下のモチベーションを上げるための仕組み「行動イノベーション・トーク」。そして、部下のスキルアップを加速するための「成長の5ステップ」という2つのメソッドを紹介します。

どちらも、5ステップになっていて、順を追って部下と関わっていくだけで、指示待ち部下、指示通りに動かない部下が劇的に変わりはじめます。

それによって、上司であるあなたの仕事を劇的にラクにし、イライラ、ストレスを解消することができるのです。

ここで、少し私のことをお話しさせていただきます。

私は現在、おもに企業のリーダー層の方などを中心に、部下育成やリーダーシップについてのコンサルティングや研修を行っています。これまで1万人以上のリーダーに対して研修や個人サポートを提供してきました。

しかし、それ以前は企業に勤めるサラリーマンでした。

当時の私は、とにかく部下育成が苦手でした。正直に言えば、部下と関わること自体、面倒だと感じていました。

自分の仕事だけでも手いっぱい。部下の状況を把握し、仕事のやり方や意図を説明する時間的、精神的余裕がまったくなかったため、必要最低限の指示だけ出して、「あとは自分で考えて」「わからないことがあれば聞きにきて」と言っていました。

そのくせ、部下が質問や相談したそうなそぶりを見せても、忙しさを理由に、フォローしませんでした。

私は、「指示待ち部下」ならぬ「指示だけ上司」の典型だったのです。

それなのに、「最近の新人はやる気も能力も足りない」「どうしてこんなにやっかいな人たちのお守りをしないといけないのか」「はやく異動したい」「異動が無理なら転職したい」などと、すべての責任を部下に押しつけていました。

あるとき、信頼していた部下が突然会社にこなくなり、そのまま退職してしまいました。

原因は私にありました。あとからその部下の同僚に聞いたのですが、上司である私とのコミュニケーションが不足していたことで「上司が何も教えてくれない。この会社では成長できない」と悩んでいたそうです。

私はその話を聞いてショックを受け、それ以降マネジメントに力を入れるようになりました。

部下の間違いや悪い癖、できていないところを1つずつ指摘し、改善しようとしたのです。さらに、仕事のやり方を細かく指示することで、自立を促すようにしました。しかし、部下からはかえって反発され、距離を置かれてしまいました。

私は、さらに余裕がなくなっていき、それと反比例するように部下への期待値は上がり、指示待ちする部下や指示通りに動かない部下に対する不満やストレスが蓄積していきました。そこで、私はやっと気がついたのです。

「もしかしたら、部下（他人）は変えられないのかもしれない。確実に変えられるのは自分自身だけなのではないか」

そこから、部下そのものを変えるのではなく、部下との「関わり方」を変えようと、努力の方向性をチェンジすることにしました。

試行錯誤の結果、私はこんなことに気づきました。

「部下育成には、順序がある」
「部下育成は、誰でもできる」

そうやって編み出したのが本書で紹介する2つのメソッド「行動イノベーション・トーク」と「成長の5ステップ」です。

この2つのメソッドで、私の人生は180度変わりました。部下が自ら考え動いてくれるようになったことで、私自身の仕事が劇的にラクになったのです。そのおかげでストレスがなくなり、部下育成に対する苦手意識もなくなりました。

今では部下育成やリーダーシップ発揮に悩むビジネスパーソンのために、セミナーを開催し、研修をさせていただくようになりました。

そして、私のセミナーや研修の効果を実感された方々から、執筆依頼や各種講演に呼んでいただけるようにもなりました。

本書では、そんな私が自身の体験から学び、作り上げたメソッドを余すことなく紹介します。

私のように、現場で1つずつ試行錯誤しながら部下育成の技術を身につけるためには、膨大な手間と時間がかかります。

ぜひ、本書の内容を、日々の部下指導に取り入れていただき、回り道することなく最短距離でご自身の仕事をラクにしてください。

前置きはこのくらいにして、マネジメント力を最短で身につける方法を詳しくお伝えしていきましょう。

2018年6月

大平　信孝

『指示待ち部下が自ら考え動き出す！』もくじ

第2章

部下のモチベーションを劇的に上げる「行動イノベーション・トーク」

第3章

「行動イノベーション・トーク」の効果を最大化するコミュニケーションメソッド

第4章 部下のスキルアップを加速する「成長の5ステップ」

ブックデザイン　小口翔平＋岩永香穂（tobufune）
DTP　野中賢（株式会社システムタンク）

序　章

なぜ、あなたの部下は動かないのか？

指示待ち部下は、動かないのではなく、・・・動けない

「はじめに」で、指示待ちや指示通り動かない部下が生まれる根本原因は、次の2つしかなく、これらの原因をつぶせば、自ら考え動く部下を育成し、成果を出させることができる、とお伝えしました。

・自身の業務を「やらされ仕事」と感じていて、イヤイヤ仕事をしているから

↓

モチベーションの問題

・技術や経験不足のせいで自ら動けないから

↓

スキルの問題

こう聞いて、

「仕事に追われ自分自身の精神状態も限界に近いのに、その状態で部下のモチベーションを上げることなんてできない」

「部下のスキルアップの手ほどきをする時間なんてない」

と思った方も多いことでしょう。

本編に進む前に、なぜ、部下は「モチベーション不足」と「スキル不足」に陥ってしまうのかを簡単に解説しておきましょう。

〝上司〟といっても、日本企業の場合、プレイングマネジャーであることがほとんど。上司は、自分の仕事を抱えつつ部下育成もしなければならないのが現実です。

産業能率大学が２０１７年に実施した「第４回上場企業の課長に関する実態調査」アンケートによれば、99・２％の管理職がプレイングマネジャーなのです。

仕事が忙しくなり、上司に余裕がなくなると職場は殺気立ち、上司と部下との間のコミュニケーションの量が激減します。

・朝のあいさつ以外会話がない
・連絡事項はメールやチャットですませる
・部下が相談したくても、上司が忙しそうで相談できない

こんな状態になってしまうのです。

そのせいで、上司と部下の間に溝ができ、シンプルな業務連絡ですら伝わりにくくなっていきます。

しかも、上司は常にイライラしているため、部下が勝手に仕事を進めてミスをすると、不機嫌になったり、叱責したりします。すると、部下は萎縮し、自分で考えて仕事を進める気がなくなってしまう……。

つまり、部下のモチベーションが下がってしまうのです。

また、部下とのコミュニケーションの量が減ると、上司は部下のできること、できないことを把握できなくなります。

そのせいで、適切な指導ができなくなり部下のスキルが一向に上がらないのです。

部下のできないことまで指示してやらせようとするわけですから、指示通りに動けないのはあたり前です。

指示通り動かない部下は、動かないのではなく、動けないのです。

それに気づかない上司は「なんでこいつは仕事ができないんだ」とイライラし、部下にきつくあたります。すると、部下のモチベーションはますます下がり……、という負のスパイラルに陥ってしまうのです。

指示待ち部下や、指示通りに動けない部下はこうやって生まれるのです。

「関わり方」を変えるだけで部下は自ら考え動き出す

最初にお伝えしておきますが、指示待ちや、指示通りに動かない部下が生まれるのは、リーダーであるあなたにマネジメント能力がないからではありません。

原因は、部下との関わり方。これを変えるだけで、部下は自ら考え動くようになります。

関わり方を変えるといっても、「忙しいなか、部下と話す時間を捻出しなければいけない」とか、「難しいマネジメント手法を身につけなければいけない」ということではありません。

じつは、部下を自ら考え動く人材に育てるのは、それほど大変なことではないのです。部下との日常的な会話や定期面談のやり方など、ちょっとしたことを変えるだけでいいのです。

同じような指示なのに、ちょっとした上司の関わり方の違いで部下の働きが変わってしまう、というのはよくあることです。

これまで働いてきて、あなたも「上司の側が関わり方を変えれば、部下も変わるのでは？」と、なんとなく気がついているのではないでしょうか。

一方で、こう思っている方もいるかもしれません。

上司の関わり方しだいで、部下の働きが変わるのはわかる。でも、それができるのは、誰から見ても尊敬される上司やすごい人格者、特別な才能のある人だけ。際立つ能力や長所もなく、人格者でもない自分には無理……。

たしかに、世の中には生まれながらにしてマネジメントや部下育成が得意な人がいます。しかし、順を追って練習すれば、誰でも自転車に乗れてしまうように、部下育成もポイントを押さえれば誰にでもできるのです。

その、誰でも再現できるポイントを体系化したものが、これから紹介する、部下のモチベーションを上げるための仕組み「行動イノベーション・トーク」。そして、部下のスキルアップを加速するための仕組み「成長の5ステップ」という2つのメソッドです。

繰り返しになりますが、部下が自ら動けない根本原因は2つしかありません。モチベーション不足とスキル不足、それだけです。

まずは、「行動イノベーション・トーク」で部下のモチベーション不足を解消してください。

そして、「成長の5ステップ」で、部下のスキルアップをサポートしてください。

これを正しい順序で行うのです。そうすることで、部下は驚くほど変わり、自ら動き出します。

では、さっそく具体的な方法を解説していきましょう。

第1章

部下との信頼関係を構築する

「ポジションパワー」で人を動かせる時代は終わった

ひと昔前まで、上司の指示、命令は絶対でした。あらゆる企業はピラミッド型の組織に編成され、トップダウンで意思決定が行われていました。もちろん、現在でも組織の形自体はあまり変わっていませんが、ボトムアップ型の意思決定をする組織が増えていることは間違いありません。

この変化によって、いわゆる「ポジションパワー」の効力がどんどん失われています。「役職」や「肩書き」で人を動かすことが難しくなっているのです。

以前なら、「仕事だから、上司の指示だから、職務命令だから」と、イヤイヤながらも指示に従う部下が大多数でした。

でも今はどうでしょう。

「それって私の仕事ですか？」
「なんで私がそこまでしないといけないのですか？」
「今忙しいから無理です」
「やりたくないです」

こんなふうに、最近のビジネスの現場では、上司からの指示命令を部下が平気で否定する場面も少なくありません。

このようなことが起こる原因は、部下ではなく上司の側にあります。上司が「自分の立場」を使って人を動かそうとしているからです。

現在は、**上司という立場で人を動かす「ポジションパワー」ではなく、影響力（信頼関係および実力）で人を動かす「ヒューマンパワー」の時代です。**

ですから、自分を人として尊重してくれない上司。自分をモノのように扱う上司、自分の出世のためだけに部下をこき使う上司の指示命令に従おうという部下はほとんどいないと心得るべきです。

では、どうすればいいのか？

このような環境で、上司が部下を動かしていくためにまず必要なのは、部下との信頼関係を構築することです。

もし、あなたが部下を信頼していれば、あなたは部下の行動をいちいち監視する必要がありません。なぜなら、監視などしなくても、部下が会社の方針やあなたの指示をベースに、効果的な仕事をしてくれるからです。

これに対して、部下を信頼できないとしたら、時間と手間が劇的に増えることになります。部下からの報告、連絡、相談すら本当のことを言っているのかわからないので、いちいち見極めなくてはならないからです。

逆に、部下があなたのことを信頼していない場合、あなたからの指示に素直に従うことが難しくなります。

「上司は本当のことを言ってくれていないかもしれない」

「必要な情報を教えてくれていないかもしれない」

「わざと失敗させて蹴落とすつもりなのかもしれない」

「上司の業務を押しつけられているかもしれない」

「成果を横取りするつもりかもしれない」

こんなふうに上司を疑うからです。

すると、部下の側も、上司の指示や意図を検証するのに多大な時間と労力を費やすようになります。


本書では、指示待ち部下を、自ら考え動く人材に育てるためのメソッドをお伝えしていきますが、部下との信頼関係ができていなければ、それは絵に描いた餅になってしまいます。

そこで、第1章では、部下育成の基本の「き」である、部下との信頼関係を築く方法について解説していきます。

部下との信頼関係を築く3つのポイント

では、どうすれば部下との間に信頼関係を築くことができるのでしょうか？

あたり前の話ですが、信頼関係は、人と人との間に生まれます。その間をつなぎ、満たしているのが「コミュニケーション」です。

コミュニケーションとは、わかりやすく言えば、「情報と感情のやりとり」のこと。これがなければ信頼関係を築くことはできません。

じつは、「指示だけ上司」と「指示待ち部下」が多い職場に共通していることがあります。

それは、「機能しない会話」が圧倒的に多く、同じパターンの会話が続くことです。

機能しない会話とは、たとえば次のような状態のことを言います。

・出社時のあいさつだけで、1日の会話が終わってしまう
・権威や肩書きを根拠に、一方的に指示や命令をする
・部下のためを思ってしたアドバイスが、部下のモチベーションを下げる
・指示だけしかしない上司と、納得も理解もしていないのに、とりあえず「はい」と応じる部下
・プライベートな質問をしても、「YES・NO」の答えだけで会話が終わってしまい、話が広がらない
・信頼関係構築のために雑談しているつもりの上司と、それを無駄話、迷惑と捉える部下
・直接話したほうがいいことでも、メールやチャットですませ、対面でのコミュニケーションはほとんどなし

「機能しない会話」とは、簡単に言うと、うわべだけ取り繕った会話のことです。形式上は会話として成立していますが、その本質は「単語」をやりとりしているだけ。

これでは、部下のモチベーションアップやスキルアップにもつながらないどころか、

かえって部下のやる気を削いだり、仕事を邪魔したりしてしまいます。当然、信頼関係が構築できるはずはありません。

思いあたる方もいるのではないでしょうか。部下との信頼関係を築くためには、これらの「機能しない会話」を「機能する会話」に変えていかなくてはなりません。「機能する会話」が多い職場では、「単語」を超えたやりとりがあります。日常の何げない雑談ですら、部下との信頼関係が深まったり、モチベーションが高まったり、スキルアップにつながったりするのです。

さらに、信頼関係を築くためには、部下との間に〝業務プラスアルファ〟のつながりを持っておくことが大切です。

というのも、業務に関するつながりだけだと、業績が好調なときはうまくいきますが、業績が悪化したとたんに信頼関係が崩れてしまうからです。

そして、一度崩れた関係を修復しようとしても、業務でしかつながっていないと、修復のきっかけを見つけることすら難しくなってしまいます。これに対して、業務以外のつながりがあれば、たとえ業績が悪化しても関係性を保つことができます。

とはいえ、実際にはコミュニケーションの量と質、どちらも不足していると感じているリーダーが多いのが実情です。

私はよく「信頼関係は、すべての土台となる大切な要素です。それを築くためにはコミュニケーションが重要です」と研修でお伝えするのですが、こう反論される方も多くいます。

・飲み会が減り、部下と会話する機会がほとんどないから難しい
・部下との時間がとれず、業務連絡や進捗確認だけでも精いっぱい
・朝のあいさつと会議以外は、チャットやメールですませているから、そもそも対面で話す機会がない
・部下と世代や価値観、性格が合わず、何を話していいかわからない。何を考えているのかわからない

しかし、理想を言えば、お酒がなくてもコミュニケーションをとれることがベスト

ですし、忙しいなかでも部下と対面で話す時間を作るべきです。もちろん、性格が合わない部下ともしっかりコミュニケーションをとらなければなりません。

「そうはいっても、忙しいし、部下が何を考えているかわからないから、改善するのは難しい」と思った方も多いと思います。でも大丈夫、安心してください。

じつは、部下との信頼関係を構築していくためのコミュニケーションは、それほど難しいことではありません。

次の3つのポイントを押さえるだけで、誰でも簡単に部下との信頼関係を築くことができるようになります。

ポイント1　相手そのものではなく、「相手の興味・関心」に関心を持つ
ポイント2　共通点を見つける
ポイント3　できていることを「承認」する

では、1つずつ見ていきましょう。

ポイント1　相手そのものではなく、「相手の興味・関心」に関心を持つ

コミュニケーションの基本は、話すことよりも、「いかにして聞くか」にあります。

著名な経営学者である、P・F・ドラッカーもこう述べています。

「コミュニケーションを成立させるのは受け手である。内容を発する者、つまりコミュニケーターではない。彼は発するだけである。聞く者がいなければ、コミュニケーションは成立しない」

相手の話を聞く際には、意識の向けどころが重要になります。

よく「相手の目を見て話しましょう・聞きましょう」などと言われます。しかし、相手そのものに関心を持とうとして、相手を覗き込むようにして聞くと、相手はどう

感じるでしょうか。相手としては、とても話しにくい状況が生まれます。

また、部下そのものに関心を持とうとしても、なかなか難しいこともあります。とくに、個人的に気が合わない部下に興味を持とうと思っても、気持ちが動かないことのほうが多いでしょう。

部下からしてみれば、無理やり自分に興味を持とうとする上司に対して好感を抱くことはほぼありません。むしろ、怪しまれたり、煙たがられたりするのです。

誰だって、理科の実験対象や動物園の見世物パンダを見るように観察されたらいい気はしません。さらに、コミュニケーション自体が、上司が部下を意のままに使い倒すための手段・戦術だとしたら、信頼関係は深まるどころか、崩壊してしまいます。

では、どうすればいいのか？

部下に興味を持てないときは、無理して関心のあるフリをしなくてもいいのです。**その代わりに、相手そのものではなく、相手が話す世界観、相手の興味・関心に意識を向けてみましょう。**

「相手の興味・関心」に関心を持つ

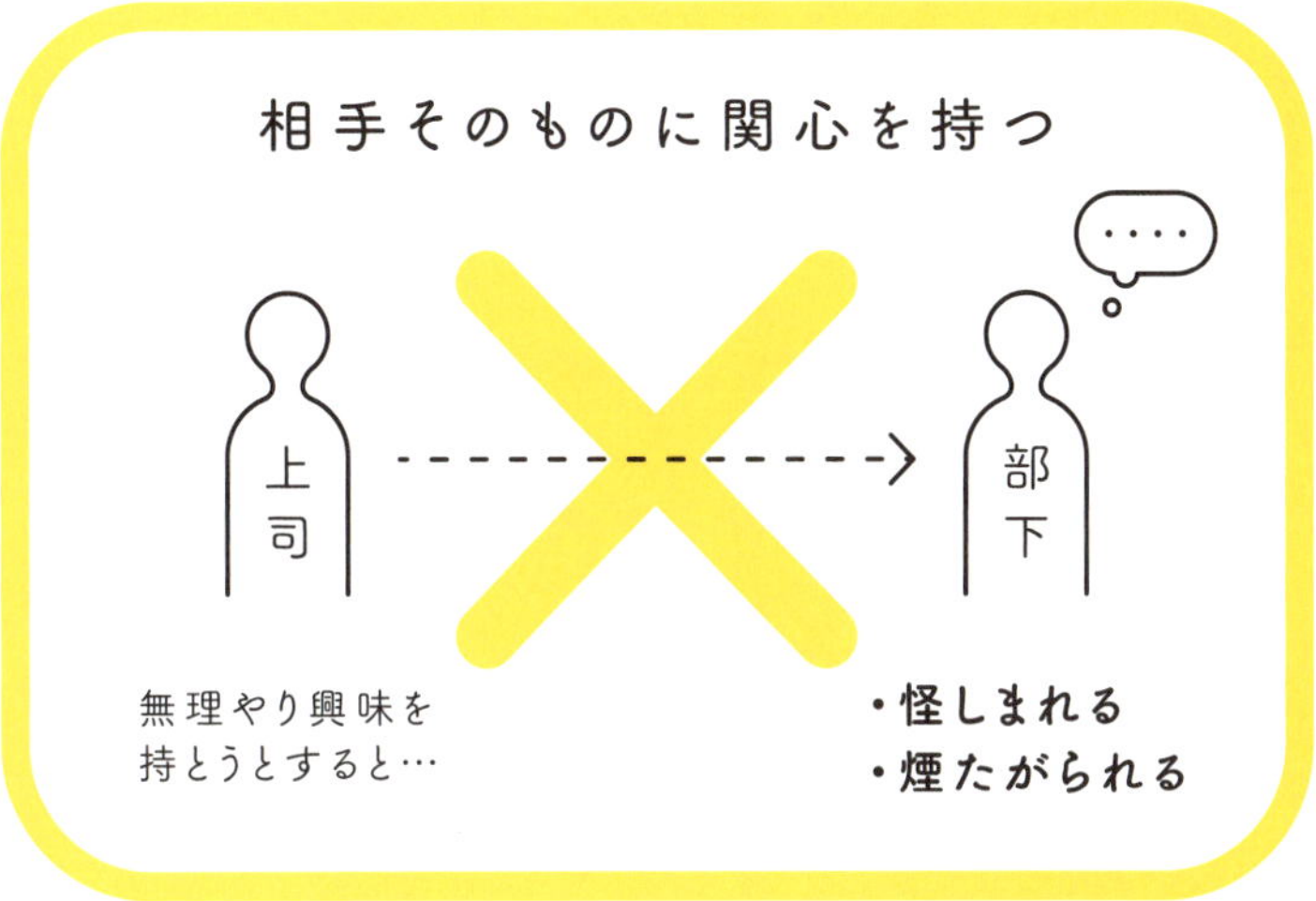

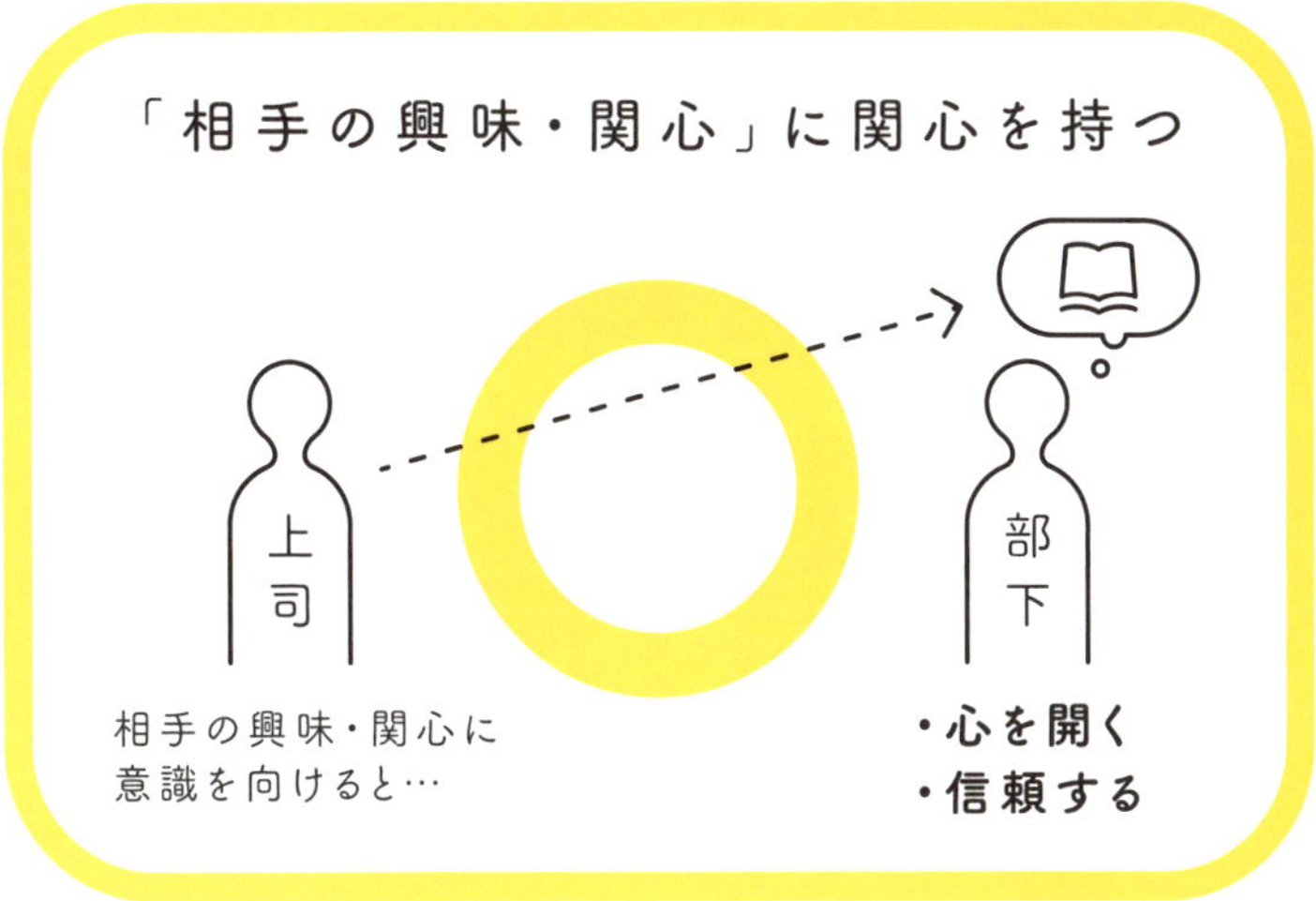

先ほどのパンダであれば、パンダ自体をじーっと観察するのではなく、パンダの食べている笹や遊んでいるおもちゃに注目すればいいのです。

相手の興味や関心があることを見つけたら、その話を徹底的に聞くことです。すると、相手は「受け入れてもらえた」と感じ、安心して心を開き、話を聞いてくれた相手を信頼しはじめるのです。

部下の興味・関心や趣味など、熱心に打ち込んでいることに対して興味を持つようにすれば、自然と雑談が弾み、業務以外のつながりを作るきっかけになります。

子育てと同じです。自分の興味があるところに無理やり子どもを巻き込んだり、子ども自体をじーっと見るよりは、子どもが熱中していることに一緒に熱中してみると、あっさり理解できることがあります。

以前実施した研修で、この「意識の向けどころ」についてお伝えしたところ、さっそく仕事の現場で実践された方から、次のような感想をいただいたことがあります。

相手を凝視するのではなく、相手の世界観、興味・関心に関心を持つことの大切さを知り、実践してみました。すると、苦手だと思っていた部下が本人なりに努力していることに気づき、普通に対応できるようになりました。

「相手の関心」に関心を持つことは、とくに、「苦手だな」と感じている人とのコミュニケーションで威力を発揮します。

苦手なAさんそのものではなく、「○○に興味があるAさん」として接すれば、相手を受け入れやすくなり、ストレスも緩和されるのです。

ポイント2　共通点を見つける

相手の関心事に関心を持つことができたら、次は自分との共通点を探しましょう。たとえば、好きなスポーツチーム、出身地、出身校、食べ物、お酒、趣味、休日に挑戦していることなど、どんなことでもかまいません。

小さなことでもいいので、おたがいの共通点を見つけ、そのテーマで楽しく雑談することができれば、信頼関係は自ずと深まります。

好きなことや趣味の共通点が見つかると部下との距離がいっきに縮まります。人は自分と似たところがある相手に対して親しみを覚え、安心感・信頼感を持つからです。

初対面にもかかわらず、「出身地が同じ」「共通の知人がいる」「趣味」など共通点があったことで、相手に急に親近感を覚えたという経験が、あなたにもあるのではないでしょうか？

共通点を見つけることは、部下との信頼関係を築くうえで最も強力な手段の１つなのです。


私自身にも経験があります。

サラリーマン時代、距離があった新入社員の部下と、「ディズニーランド好き」という共通点を見つけたことで、急速に距離が縮まったのです。自分も大好きなディズニーの話題で盛り上がるなどしたことで、一緒に仕事を進めていくのがずいぶんラクになりました。

さらに、これは部下ではありませんが、具体的な提案をしたいクライアント候補と雑談するなかで、じつは出身校が同じだったと判明したこともあります。

これによって、クライアントとの距離がいっきに縮まり、具体的な仕事の依頼をいただくことができました。

プライベートなことも含めれば、人の興味・関心や経歴はさまざまですから、探していけば必ず共通点が見つかります。どんなに小さなことでもけっこうですので、ぜひ、部下との共通点を探ってみてください。

ポイント3 できていることを「承認」する

部下には、まだ不十分なところ、「できていないところ」もたくさんあることでしょう。しかし、その部分をダメ出しするだけでは、信頼関係は深まりません。

信頼関係を構築するためには、部下への「承認」が必要です。承認とは、「できているところ」を指摘すること。

この話をすると、よく「褒めるのがどうも苦手で……」という方がいらっしゃいますが、「承認＝褒める」ではありません。

褒めなくてもいいのです。**できている箇所について、事実を指摘するだけでも承認したことになります。**

部下を承認することができれば、「この上司は、ちゃんと見てくれている。わかってくれている」という安心感が生まれ、それが信頼関係につながっていきます。人は自分のことを深く知ってくれている人に、自然とついていきたくなるものなのです。

以前、課長向けの研修で「承認」の重要性について話したところ、受講生の方から「そういえば、上司から承認されて、すごく嬉しくて、自信を取り戻したときのことを思い出しました」という感想をいただいたことがあります。

その方は、自分が新人だったとき、なかなか仕事で成果が出ず、落ち込んでいた時期があり、「この仕事は向いていないから辞めようかな」とまで思いつめていました。

そんなとき、上司との定期面談で「自分は全然仕事ができない。成果を出していない」と話したのです。

すると、上司から「君は、○○と△△はできているよ」と言われ、そのひと言でスランプから抜け出すことができたそうです。

その方はこう言っていました。

「自分にもできていることがあったんだ」「この人は自分のできないところだけでなく、できているところも見てくれていたんだ」と、すごく嬉しかったし、安心したのを思い出しました。
あのひと言がなかったら、会社を辞めていたかもしれません。できていることを指摘する「承認」って、たしかにパワフルですね。

承認は、難しいことではありません。感情を込める必要も、部下を賞賛する必要もありません。ただ、部下をよく観察して「できているところ」を見つけてシンプルに「これはできているよ」と指摘するだけ。ぜひ、試してみてください。

第1章では、部下との信頼関係を構築するための3つのポイントについて解説してきました。

部下が、あなたの指示に従わなかったり、自ら考えて動かなかったりするのは、あなたの指示の出し方や言い方に問題があるからではなく、それ以前、部下との関係性が問題なのです。

部下は、「この人は、自分のことを理解してくれている」と思ったときに、上司の指示に従うだけでなく、自ら考えて行動するようになります。

「この人（上司）は、自分のことをわかってくれている。見てくれている」。

部下が、そう感じられる関係になれれば、あなたが今抱えている課題のほとんどは、スムーズに解決します。

逆に、部下と信頼関係を築けていなかったとしたら、この本でお伝えするメソッドを駆使したとしても、部下の心に響きません。信頼関係が築けていない人と、一緒に仕事をすることほど難しいことはないからです。

ポイントはたった3つしかありません。ぜひ、実践していただき、部下との信頼関係を構築してください。

第1章のまとめ

●部下との信頼関係はマネジメントの基本の「き」

- 部下が「指示待ち」になるのは、上司のマネジメントスキルの問題ではなく、部下との関係性の問題。
- 信頼関係を築くために、「機能しない会話」を「機能する会話」に変える。
- どんな状況でも関係性を保つために「業務プラスアルファ」のつながりを持つ。

●部下との信頼関係を築く3つのポイント

ポイント1　相手そのものではなく、「相手の興味・関心」に関心を持つ

部下に対して興味を持とうとするのではなく、相手の世界観や趣味などに目を向けると、部下は上司に対して心を開く。

ポイント2　共通点を見つける

好きなスポーツチーム、出身地、出身校、食べ物、お酒、趣味など、自分と部下の共通点を見つけると、部下との距離がいっきに縮まる。

ポイント3　できていることを「承認」する

部下の「できている」部分を指摘するだけで、部下に安心感が生まれる。

第2章

部下のモチベーションを
劇的に上げる
「行動イノベーション・トーク」

部下を動かすのは指示ではない。「感情」だ

私たちは誰もが、テキパキと気分よく、業務を遂行したいと思っています。しかし、そこにさまざまな〝壁〟が立ちはだかります。

・業務量が多すぎて時間が足りない
・指示が多すぎて、どれからはじめていいか決められない
・上司からの情報が不足している、もしくは指示が曖昧で動きづらい
・細かいやり方まで決められていてやりにくい
・一方的に押しつけられたのでやる気になれない
・知識や経験、スキルが不足していてできない
・プライベートがゴタゴタしていて、仕事に集中できない

・体調がすぐれず、いつものように動けない
・職場の人間関係が希薄で、誰もサポートしてくれない

大量の業務に忙殺されたり、困難な業務が続いたり、人間関係のゴタゴタに巻き込まれたりすると、徐々に追い込まれていきます。時間的、精神的、体力的、頭脳的に限界が訪れるのです。もっと簡単に言うと、疲弊してしまうのです。

すると、「自分で考えて仕事をしたほうがいい」「仕事全体の流れを把握したほうがいい」と頭ではわかっていても、なかなか自ら考えて動くことができなくなります。たとえ自ら考えようとしても、頭は働かないし、イライラするし、すぐ疲れるし、邪魔が入って中断するなどして、集中できないのです。

こういったことが積み重なると、「最低限、指示された仕事だけこなそう」というマインドになり、本人も望んではいないのに、イヤイヤモードでやっつけ仕事をするしかなくなってしまうのです。

つまり、指示待ち部下を生む根本原因の1つは、仕事に対するモチベーションが下がってしまうことなのです。

一度、モチベーションが下がると、さらなる悪循環にはまっていきます。

やっつけ仕事は楽しくないし、充実感を覚えることもないので、さらに疲弊します。すると、ますます余裕がなくなっていくので、イヤイヤ仕事がさらにイヤイヤ仕事を増やす結果となります。

本来なら、こうなる前に、上司や先輩、同僚に相談するなどして、人の力を借りるのが、最も効果的な打開策です。でも、それができない。

なぜなら、イヤイヤ業務をこなす人には、真面目で責任感がある人が多く、「自分の責任だから」「こんなことで相談したら怒られそう」「忙しい上司に迷惑をかけたくない」と、全部1人で抱え込んでしまうのです。


一方で、上司は「指示したのだから、業務を遂行するのはあたり前」「わからないことがあったら、当然質問や相談をしてくるはず」「いちいち指示しないでも動いてくれるはず」と、待ちの姿勢であることがほとんど……。

この状態で、いくら目標を数値化し、さらに細分化して指示を出しても、指示をこなすのが精いっぱいで、部下に自ら考えて動く余裕はありません。これでは上司と部下の溝は永遠に埋まりませんし、部下のモチベーションが上がることはけっしてないのです。

私の経験から言うと、指示だけで動ける部下はそれほど多くはありません。

そもそも、「指示だけ」でできるシンプルな仕事だけであれば、上司も部下も苦労しませんし、それ以前にそんな仕事は少ないのです。

ですから、上司のほうが、部下との関わり方を見直し、部下を「指示待ち」状態から救ってあげる必要があるのです。

モチベーションは本当に必要なのか？

ここまで読んで、「そもそもモチベーション（やる気・動機）は、本当に必要なのか？」と、疑問に思った方もいるかもしれません。

ビジネス書などでも「モチベーションに左右されずに成果を出す方法」といったノウハウが紹介されています。

さらに近年は、多くの業務が簡素化、マニュアル化され、誰がやっても同じ成果が出るよう工夫されています。

たとえば、営業の仕事。今の営業はかなりシステム化されているので、営業先でのヒアリング事項もリストアップされています。

こう聞くと、モチベーションは不要なように感じますが、そうではありません。同

じ行動でも、モチベーションの高い人と低い人とでは、仕事に込められる情熱の量が変わります。

モチベーションの低い人は最低限の仕事しかしません。そして、その差は、仕事の質や成果に影響します。

一般的に、モチベーションが低い人は、「いかにいい仕事をするか？」ではなく、「いかに無難にノルマをこなすか？」にフォーカスします。最低限のノルマをこなすために、質より量を重視するのです。

逆に、モチベーションの高い人は、「いかにいい仕事をするか？」にフォーカスしながら仕事を進めようとします。

たとえば、モチベーションの低い営業は、取引先へのヒアリングでとくに工夫することなく、リストアッされた項目を機械的に聞いていきます。それを繰り返していくと、契約を獲得するのが目的ではなく、ヒアリングシートを埋めること自体が目的になってしまいます。そして、決められた質問を聞き終えると、「最低限のノルマはこなしたからいいや」と、そこでやめてしまうのです。

これに対して、モチベーションの高い営業は、リストアップされた項目のほかにも、自身が疑問に思ったことや、その場で感じたことなどを取引先の担当者に質問します。すると、相手の潜在的なニーズにたどり着けたりするわけです。

モチベーションの高い営業と、低い営業。一見、似たような行動をしていますが、どちらが成果を出しやすいでしょうか？

もちろん、モチベーションの高い営業ですよね。

これは、営業職にかぎった話ではありません。

もし、モチベーションの低い人事担当者が、採用の仕事をしたら結果はどうなるでしょうか？

失敗や減点を避けるために、会社にとって必要な人材よりも、妥協策として誰からも文句が出ない無難な人材を採用することでしょう。

また、面接の現場で、その場にいた人にしかわからない貴重な情報を得たとしても、そのままスルーしてしまいます。何か思うところがあってもよけいな提案や発言はしません。

一方、モチベーションの高い人は、採用面接のやり方などについても新しいことを提案するなど、積極的に関わっていきます。もちろんすべてがうまくいくわけではありませんが、うまくいけば会社にとって大きなプラスとなります。

このように、モチベーションの高い人と低い人とでは、行動の中身が変わってきます。だから、成果も変わってくるのです。

やはり、仕事にはモチベーションが必要なのです。

「テンション」と「モチベーション」は似ているようでまったく違う

部下のモチベーションの高め方を知る前に、まず、モチベーションとは何かについて知っておいてください。

モチベーションは、「テンション」という言葉とよく混同されがちですが、モチベーションとテンションはまったくの別物です。

テンションとは、「短期的やる気・瞬発力」のこと。

モチベーションとは、「長期的やる気・持続力」のことです。

テンションが高い状態というのは、いわゆる「気合い」の入った状態のことです。

テンションは、「瞬間的にグッと引き上げるやる気」とも言えます。

決算期や年度末で忙しい時期、締め切り直前、プレゼン時など、「ここぞ」というときにテンションを上げると、成果を出せることがあります。テンションを究極にまで高めると普段では到底考えられないようなパワーを発揮することもあります。いわゆる「火事場の馬鹿力」というものです。

テンションは、大声を出したり、体を動かしたりすることで高めることができます。

いちばん簡単なテンションの上げ方は「エイ・エイ・オー！」と大声を出しながら、右手の拳を突き上げる方法です。

しかし、テンションは長続きしません。上がったら下がるのです。

したがって、部下のテンションを高い状態で保ち続けるためには、上司が常に介入する必要があります。ただし、常にハイテンションで仕事をすると、疲弊してしまいます。結果的に、過労、燃え尽き、不眠などの原因になってしまうことさえあるのです。

これに対して、**モチベーションとは、「自分はこうしたい」という思いから湧き出てくる動機のことです。**その行動をするにあたっての「腑に落ちる度合い」とも言えます。

なお、モチベーションには2つの種類があります。

それは、「外発的モチベーション」と「内発的モチベーション」です。

外発的モチベーションとは、外部からの誘因で動機づけすることです。

ビジネスの現場で言えば、給与アップやボーナス支給などの金銭的な報酬、昇進や花形部署への配置転換、充実した福利厚生制度などがこれにあたります。

外発的モチベーションは短期的には効果があるものの、相対的な限界があるという欠点もあり、長続きしません。全員を昇進させるわけにはいかないし、給料を上げるのにも限界があるからです。

これに対して内発的モチベーションとは、自分の内側から湧いてくるものです。自分で目標を定めるため、達成感や成長の実感を得やすい。相対的な限界がなく、考え方しだいで無制限に動機づけができます。

つまり、上司は部下の「内発的モチベーション」を高める必要があるのです。

内発的モチベーションを高めるためには、部下の感情を動かすことが有効です。感情が動けば、人はあっさり行動することができるようになります。

「感動」という言葉はあっても「知動」という言葉はありません。

人は理屈ではなく、感情で動くのです。

最初から
モチベーションの低い人はいない

ここまで読んで、「モチベーションが大切な理由は理解した。でも、相手の内面の問題なので、上司がどうにかできることなのか？」「そもそもやる気のない部下にやる気を出させることはできるのか？」と思われた方もいるかもしれません。

じつは、どちらの疑問も、答えは「ＹＥＳ」です。

面白いことに、仕事ではモチベーションが低い人でも、プライベートの活動については熱心な人もいます。ボランティアやひいきのスポーツチームの応援、趣味などになると、張りきって動き出す人です。誰でも好きなことであれば、熱中し、自ら動くことができるのです。

私たちは、「自分が本当にやりたいことならいくらでも頑張れる、続けられる、成

長できる」という性質を持っています。

私の10歳の長男は、バスケットボールの練習に熱中していた時期がありました。学校でシュート練習をして、帰宅後はドリブル練習、夜はユーチューブでプロ選手のプレイをチェックしていました。

親の私が「練習しなさい」と指示したわけでも、先生に褒められたわけでも、お小遣いをもらえるわけでもないのに、ひたすら熱中していました。

これは、彼が「プロのバスケットボール選手になりたい、もっとうまくなりたい」と思ったからです。

あなたも子どものころ、何かに熱中していたことはありませんか?

虫採り、野球、サッカー、縄跳び、鬼ごっこ、消しゴム集め、折り紙……。

誰もが何かに熱中した経験があるはずです。

これと同じで、部下が自ら考えて動けないのは、今の仕事に「欲望」を見出すことができていないからです。私の言う「欲望」という言葉は、脳科学の世界では、「ワクワク」と表現することもあります。つまり、いくら目標を明確にして指示を出しても、言葉だけでは、なかなか行動にはつながらないのです。いわゆる「わかっちゃいるけどできない」というのがこの状態。

脳には「大脳辺縁系」という古い脳と、この大脳辺縁系の上に「大脳新皮質」と呼ばれる新しい脳があります。

古い脳は生命維持のために働き、本能行動や感情、行動を司っています。新しい脳は、状況に応じて適切な行動をするために高度な学習能力があり、言語を司っています。

部下に行動を促したいなら、感情と行動を司る古い脳にアプローチすればいいのです。

それを誰でも簡単に再現できるようにしたのが、これからお伝えする「行動イノベーション・トーク」です。このメソッドを定期面談や日常の会話に取り入れるだけで、誰でも部下のモチベーションを高めることができます。

ここからは、部下の古い脳にアプローチし、自ら考え行動することができるようになる、シンプルでパワフルな実践メソッド「行動イノベーション・トーク」の活用法をお伝えしていきます。

「行動イノベーション・トーク」のシンプル5ステップ

「行動イノベーション・トーク」とは、簡単に言えば、部下のモチベーションを上げるために、上司が部下の「目標作り」とその実現をサポートするための仕組みです。

ここで言う「目標」とは、会社が与える数値目標などではなく、部下の感情が動く目標のこと。つまり、部下自身が「心底実現したい！」と思える目標のことです。

「会社から一方的に押しつけられた目標」や「意味や意義を感じられない目標」「マンネリ化した単調な仕事をこなすことで達成できる目標」を達成するための仕事を、自ら率先して自発的に行うのは難しいものです。

たとえ、「会社員なのだから」「給料をもらうため」と、部下が自分で自分に言い聞かせたとしても、モチベーションは高まりません。ましてや、上司が説得したところで、部下のモチベーションが上がるわけがありません。

しかし、目の前の目標が、自分自身の夢や目標と関係があることがわかれば、部下は自ら考え動き出すことができます。

それを実現するのが「行動イノベーション・トーク」なのです。「行動イノベーション・トーク」には、次のステップ1から5までの手順があります。

行動イノベーション・トークの5ステップ

ステップ①

現在地を確認する

仕事を分解し、できているところ、できていないところを確認する

ステップ②

会社の目標と部下の役割を確認する

部下自身が、自分に期待されていること、自分の役割を知る

ステップ③

個人的な夢や目標を確認する

部下自身が、本当にやりたいことを再確認する

ステップ④

部下の個人目標を設定する

具体的にどうするのかを決める

ステップ⑤

アクションプラン（10秒アクション）を作る

目標に向かうための具体的な行動を決める

以上が、「行動イノベーション・トーク」の5ステップです。

この5ステップに沿って部下との関わりを作っていくと、部下個人の夢や目標と目の前の仕事が自然とつながるので、部下のモチベーションが高まり自発的に動けるようになるのです。

では、1つずつ説明していきましょう。

ステップ１ 現在地を確認する

現在地を確認するとは？

行動イノベーション・トークのステップ１は、部下の現在地を確認することです。

「現在地を確認する」とは、「仕事において、どんなことができていて、どんなことが課題なのか」という現状を把握すること。

具体的には、仕事の一連の流れを分解し、できていることと、できていないことと に分ける。もしくは、会社からの数値目標に対する達成度合いを確認するといったことです。

山での遭難原因の１つに、「道に迷う」ということがあります。

道に迷うのは、自分が今いる現在地が確認できなくなり、次に進む方向がわからなくなってしまうからです。

ショッピングモールやデパートで買い物をするときも同じです。いきたい店には、フロアマップを見るだけではたどり着けません。必ず、今自分が施設内のどこにいるのかという「現在地」を確認するはずです。もし、フロアマップに現在地の表示がなかったら、目の前の店名から現在地を探すはずです。

このように、ちょっとした買い物のときでも現在地を確認するのに、仕事の現場では部下の現在地の確認をしない上司が意外にも多いのです。

現在地を把握していなかったり、認識にズレがあったりすると、「行動できない」「ずれた行動をしてしまう」「適切な行動がとれない」といった弊害が生まれます。ですから、部下の「現在地」を確認するプロセスは、とても重要なのです。

現在地を確認する3つの項目

仕事の現在地は、次の簡単な3つの項目を確認することで把握できます。

①「どんなことができているのか？」（できているところ）
②「どんなことができていないのか？」（課題）
③「体調が悪かったり、悩んでいることはないか？」（心と体の状態を確認する）

現在地を確認する際のポイントは、必ず「できているところ」「うまくいっているところ」など、ポジティブな側面の確認からはじめることです。

「できていないところ」「ダメなところ」など、ネガティブな項目の確認からはじめると、部下は批判、否定、非難されているように感じてしまいます。すると、部下は防衛反応から、言い訳をしたり、嘘をついたりすることすらあります。

せっかく、部下のモチベーションを高めるための場なのに、かえって部下のモチベーションを下げることになってしまうのです。

どんなに困難な目標であったとしても、現状の達成率が０％ということはまずありません。仮に０％だとしても、「現時点では着手していない」ということを確認することに意味があります。

現状の進捗が5％だとしても、「なんでそれしかできていないのか？」と責めるのは厳禁です。「5％は進んだんだね」「着手してみたんだね」と、ゼロベースで見て、できているところを承認してみてください。

そのうえで、「実際に取り組んでみてどうだった？」「何か困っていることや障害になることはある？」などと質問しながら、「②部下が抱える課題（できていないこと）」を確認すればいいのです。「できているところ」から話題にすることで、ダメ出しして部下のモチベーションを下げる場ではなく、前向きな「作戦会議」の場にすることができます。

たとえば、数値化された定量目標であれば、現時点での達成率を確認しましょう。

「売上前年度比10％アップ」「営業利益前年度比105％」「新商品1万個販売」「体験会に500名集客」「残業時間20％削減」「社内勉強会毎週1回開催」といった目標に対する、現状の数字を知ることで、現在地を確認できます。

また、定性的な目標の現在地確認であれば、現状を数値化することで把握しやすくなります。

たとえば、「今期の目標に対して、現時点での達成度は10点満点中何点か？」などと、まず部下に自己採点してもらうといいでしょう。

さらに、営業という仕事を、「営業先の選定」「アポ取り」「資料作成」「プレゼン」「クロージング」などに分解し、項目ごとに達成度を点数化することも有効です。

点数化することを「スケーリング」と言います。

報告・連絡・相談を徹底する、書類の整理整頓、サービスの質向上のためのマニュアル作成、店舗の顧客満足度を高めるために商品知識を増やす、顧客対応力を高める、顧客への提案を工夫するといった、数値で測れない目標の現在地確認も、スケーリングすることで、達成度合いを確認しやすくなります。

なお、最後に「③心と体の状態を確認する」ことも忘れずに行ってください。「体調は悪くないか？」「仕事やプライベートで悩みを抱えていないか？」ということをしっかりとチェックしましょう。

ここで、覚えておいていただきたいことは、**「現在地は確認し続けなければならな**

い」ということです。

現在地は「一度確認したら終わり」ではありません。ゴール（目標）に向けて動き出すと、常に現在地は動いていきます。定期的に「どんなことができていて、どんなことが課題なのか」を振り返り、チェックする必要があります。

現在地を確認するだけでもモチベーションが上がる

以前、私の研修を受けてくださったDさんは、部下との個別面談の冒頭で必ず現在地確認をするようになりました。すると、自信をなくしていた部下が落ち着いて着実に動けるようになったそうです。

なぜなら、定期的に自分の現在地を知ることで、「過去の自分」と「今の自分」を比較できるようになったからです。

それまで、その部下は自分を同期や同僚と比較して、「なんで自分はこんなに仕事ができないのだろう」「どうして失敗やミスを繰り返してしまうのだろう」と落ち込んでしまい、その結果、行動することができず「指示待ち」になっていたそうです。

たしかに、経験や実力、強みといった個性が違う他人と自分とを比べて落ち込んでも、仕事はできるようにはなりません。

それが、「1カ月前の自分」「1年前の自分」と比較するようになって、「他人」と自分とを比較することがなくなったのです。

後日Dさんは、こんなことを言っていました。

毎回の個別面談で、できていること、できていないことを確認したあとに、「1カ月前の自分と比べてできているところは？」と、質問するようになってから、部下は自分のダメなところだけでなく、できているところや強みに気づくことができるようになりました。

そのおかげで、自分の課題に対して冷静に対処できるようになりました。

このように、仕事の現在地を確認することは、部下に自信を持たせ、モチベーションを上げることにもつながるのです。

ステップ2
会社の目標と部下の役割を確認する

役割を明確にし、会社の目標を「自分事」にする

「行動イノベーション・トーク」のステップ2は、会社の目標を確認し、部下に自分の役割を再認識させることです。

ここで言う「会社の目標」とは、「年商○○億円を達成する」「前年比120%を達成する」といった会社全体、部署全体の数値目標、または「お客様の○○に貢献する」といった経営理念のことです。

どんな会社にも、目標や理念は存在します。しかし、それらと部下の個人的な目標は、基本的に一致することはありません。

ある意味、これは仕方のないことなのですが、会社の目標と自分のやりたいことの方向性が違うと、次のような迷いが生じます。

自分はこの仕事に向いていないのではないか？
自分はこの会社に合っていないのではないか？
会社の方針と自分の価値観は矛盾するのではないか？

こういった迷いや葛藤を抱えながら仕事をすることは、モチベーション低下の大きな原因になります。

これを放置すると、多くの人は「会社の方針や目標」という枠内でしか物事を考えなくなるか、個人的な目標や夢はあっても「仕事とプライベートは別」といったように、仕事とは切り離して考えてしまいます。すると、どこか他人事で仕事をするようになってしまい、モチベーションを上げることがますます難しくなります。

会社の目標は、会社や上司から一方的に与えられるものです。会社から与えられた目標の枠内でのみ思考するとたしかにラクです。迷ったり、葛藤したりする必要がないからです。しかし、それと引き換えに、受け身の姿勢のままでは、モチベーションが湧かないのです。

とはいえ、会社の目標に向かって行動することは大切ですから、しっかりと把握してもらわなければなりません。

部下のモチベーションが低いのは、「会社や上司から一方的に目標を押しつけられた」と感じているからかもしれません。

そういった「やらされ感」を払しょくするためには、会社や部署の目標を達成するために、部下自身が何をすべきか、という「役割」を明確にしていく必要があります。

そこで、モチベーションアップのための「行動イノベーション・トーク」のステップ2は、「会社の目標と部下の役割を確認する」ことなのです。

会社の目標を確認する3つの質問

ここで確認するのは、企業理念、会社の方針、組織の目標、組織内での部下に対する期待や役割です。

会社の目標確認のやり方は簡単。次の3つの質問に答えてもらうだけです。

①「会社の方針や目標について、ちょっと説明してみて」
②「部署の方針や目標について、話してみてくれる？」
③「部署内でのあなたの役割は？」

たったこれだけの質問で、部下は自分の役割を認識します。

なぜなら、会社や部署の方針・目標について、上司が説明することは多いのに、部下が話をする場が少ないからです。いざ話す段になると、「じつはわかったつもりになっていただけで、腹落ちしていなかった」ということがよくあるのです。上司から質問されることがわかっていれば、部下も日ごろから会社や部署の目標について考えるようになります。

部下育成がうまい人というのは、「意味づけ」上手です。

前述の通り、もともとモチベーションが低い人はいません。内側から湧き出てくる内発的モチベーションを見つけられていないだけなのです。

誰だって、意味のないことはしたくありません。

いちばんの苦役とされている労働の1つに、囚人に穴を掘らせ、囚人の目の前で看守がその穴を埋めることを繰り返すというものがあるそうです。

囚人は強制労働をさせられたあとに、看守にその労働のプロセスも成果もすべて否定されるのです。

苦役とまではいかなくても、会社や上司から一方的に指示された仕事をこなすのは、けっしてラクなことではありません。

しかし、同じ労働でも、そこに「意味」が加わるだけで、自ら動けるようになるのです。そして、モチベーションの低い部下の「意味づけ」をサポートすることは、上司の役割なのです。

上司が一方的に話してはいけない

なお、「会社の目標」を確認する際に、絶対に外してはいけないポイントがあります。

それは、上司が一方的に説明し説得するのではなく、部下に話してもらうということ

とです。

会社の目標について、部下自ら話してもらうことが重要な理由は2つあります。

1つは、上司から一方的に伝えると、部下は目標を「押しつけられた」「強制された」と解釈してしまうからです。

これでは、短期的には成果が上がっても、モチベーションは低いままなので、中長期的には成果が出にくくなります。

もう1つは、人はアウトプットすることによって認識や理解が深まるからです。

自分で発した言葉は、自分自身の耳にも入ってきます。それによって、考えが整理され、自分の思いに気づくことができます。

これを専門用語では「オートクライン（autocrine）」と呼びます。会社の方針や目標について、部下に声を出して話してもらうことで、部下は会社の方針や目標、自身の役割についてより理解を深めることができるのです。

また、万一、部下が会社の方針や目標について誤解していたら、すぐに訂正することもできます。

ステップ3 個人的な夢や目標を確認する

「本当はどうしたい？」を明確にする

会社や部署の方針を受けて、部下1人ひとりが設定する年次目標。

仮に、これが上から下りてきた数値目標を部下の人数で割っただけのものだとしたら、部下は自ら進んで行動するでしょうか？

きっとこんな感じになるはずです。

「決められたことだから、やらないといけない」

「最低限のノルマは達成しないとまずい」

「なんとか無難にこなしておこう」

これでは「やらされ仕事」になってしまい、部下が自発的に動くことにはつながりません。

上司にとっても、部下の目標設定は気の重い時間になりがちです。

とはいえ、部下に目標設定を完全に委ねてしまうと、達成容易な低めの目標や会社の方針とずれた目標が上がってきて、個別に修正する必要が生じます。

現在地がわかり、会社の方針や目標を共有できた時点で部下に個人目標を設定させると、会社の方針や目標の「枠内」でしか目標設定ができません。

つまり、魅力的でない、部下の感情が動くことのない「萎縮した」「その場しのぎの」個人目標になってしまうのです。

では、どうすればいいのでしょうか？

部下自ら主体的に動き出すには、**「心底実現したい！」**と思える目標を作れるかが鍵になります。

そのためにステップ3では、**会社や上司のニーズはいったん脇に置いて、部下の個人的な思い、つまり、「本当はどうしたい？」ということを明確にします。**

ポイントは、**「この段階では会社の目標との整合性は考える必要はない」**ということ。いったん、「会社」という枠組みを超えて考えたほうが、モチベーションアップにつながるからです。

「本当はどうしたい？」を導き出す3つの質問

具体的な方法は、部下に次の3つの質問をしてみることです。

①「本当はどんな仕事に挑戦したい？」
②「仕事以外のプライベートの夢は？」
③「3年後、5年後、10年後のキャリアビジョンは？」

この質問に対する回答が、そのままステップ3の答えになります。

たとえば、「トップセールスになりたい」「社長賞を受賞したい」「専門技術を磨き、より大きなプロジェクトに関わりたい」「コンサルタントとして、ソリューションを提供できるようになりたい」「海外へ赴任し現地の責任者になりたい」「管理職に昇進し、部下から信頼され成果も出せるチームを作りたい」……、といったキャリアビジョンや目標。

「ストリートライブをしたい」「オーロラを見にいきたい」「小説家になりたい」「家族でハワイ旅行にいきたい」「趣味を極めたい」……、といった個人的な夢などです。

私は、これらの質問に対してスラスラ答えられる人のことを**「長期ゴール型」**と呼んでいます。

しかし、私の経験からすると、長期ゴール型の人は、全体の2割弱しかいません。

ですから、ここで明確なビジョンや夢、目標が出てこなくても、部下を責めたりしないでください。

将来の夢やビジョンが明確に出てこない部下は、**「短期ゴール型」**です。

短期ゴール型の人は、「自分にとって今、何が大事か」という価値観を、日々の仕事で満たしているかどうかに重きを置いて仕事をしています。

ですから、短期ゴール型の部下の「本当はどうしたい？」を見つけるためには、さらに次の3つの質問をしてみましょう。

「今日1日の仕事、本当はどうしたい？」

「仕事でやりがいを感じるのはどんなとき？」
「日々大事にしていることは？」

すると、「1人ひとりのお客さんの笑顔が見たい」「できなかったことができるようになりたい」「チームワークを発揮して成果を出したい」「新しい出会いを増やしたい」「人や社会の役に立ちたい」といった答えが返ってきます。

個人的なゴールとしては、「家族との何げない日常を大切にしたい」「友達とのつながり」「やりたいことをすぐできる自由」「趣味に安心して没頭できる環境」といったことです。

短期ゴール型の人の答えは、長期ゴール型と比べると具体性が低く曖昧な答えになりがちです。しかし、それでもかまいません。無理に具体的な目標を出させる必要はありません。

「長期ゴール型」と「短期ゴール型」に優劣の差はない

なお、長期ゴール型と短期ゴール型の間に優劣の差は存在しないということを覚えておいてください。どちらのタイプにも強みがあり、どちらがいいとか、悪いということではありません。

たとえば、プロ野球のイチロー選手と松井秀喜《まついひでき》選手。この2人は、メジャーリーガーとしてともに素晴らしい成績を残していますが、イチロー選手は長期ゴール型、松井選手は短期ゴール型です。

イチロー選手は、小学生のころから「プロ野球選手になる」という明確な目標を立てていました。その目標から逆算して計画を立て、日々努力して目標を実現したのです。イチロー選手の小学校の卒業アルバムにはこう書かれています。

ぼくの夢は、一流のプロ野球選手になることです。そのためには、中学、高校でも全国大会へ出て、活躍しなければなりません。活躍できるようになるには、練習が必要です。ぼくは、その練習にはじしんがあります。ぼくは3才の時から練習を始めています。3才〜7才までは、半年位やっていましたが、3年生のときから今までは、365日中、360日は、激しい練習をやっています。

だから1週間中、友達と遊べる時間は、5時間〜6時間の間です。

そんなに練習をやっているんだから、必ずプロ野球の選手になれると思います。そして、中学、高校で活躍して高校を卒業してからプロに入団するつもりです。

これが長期ゴール型の人の特徴です。

これに対して松井選手は、過去のインタビューでこう語っています。

「目標はないですね。個人としての目標はありません」

「自分は長期展望をしないんです。10年単位で考えることなんてまずない。1年1年、1試合1試合、もっといえば1打席1打席が大事だと思っています。1打席ごとに結果が出る。その結果に対してどう対応していくかを考えて、次にいく。自分はこれだけやった。その結果がこう出た。だったら次はどうする。その積み重ね。10年だからどうするとか、これで節目だとかはないいんです」

「僕がゲームを休まない理由は単純なものです。記録とか、名誉はまったく意識していません。東京ドームのチケットを手に入れるのは大変なんです。そのチケットをやっと手に入れた子どもたちが観戦にきているとき、もしも僕が試合に出なかったらかわいそうじゃないですか。そんなファンの前でホームランを打とう。いつもそんなことを考えているから休めないんです」

松井選手は、目の前の1球1球に集中して1打席ごとに結果を出すことで、「子どもたちに夢を与える選手になる」という短期ゴールを満たしていくことで活躍したのです。

大きな目標はないけれど、自分が大事だと思っている価値観を毎日満たす積み重ねが、未来につながっているのです。これが短期ゴール型の特徴です。

このように、長期ゴール型、短期ゴール型それぞれに特徴があります。

部下の特徴を知ることで、部下に合った目標設定を促すことができますので、ぜひこのポイントは押さえておいてください。

ステップ4 部下の個人目標を設定する

会社の目標と個人の夢の「共有ゾーン」を探る

ステップ1から3までで、「部下の現在地」「会社の目標に対する自分の役割」「個人としての目標や夢」が出そろいました。

ステップ4は、部下個人の具体的な目標を設定します。

ここではじめて、部下個人の目標を立て、やるべきことを明確にするわけです。部下個人の目標設定をする際に大事なポイントは1つしかありません。

それは、**会社の目標と個人の夢の重なり合う「共有ゾーン」を見つけることです。**

やり方は簡単です。

●共有ゾーンを見つける

ステップ2と3で確認した、会社の目標と個人の夢を並べて眺めてみるのです。そして、個人の夢や目標を今の会社で実現する方法がないか部下と一緒に考えてみてください。

個人的な夢や目標と、会社の目標がリンクすれば、それが「心底実現したい！」目標になります。それが定まれば、「やらされ感」が消え、部下は自ら考え動くようになるのです。この「共有ゾーン」を一緒に見つけるステップこそが、「行動イノベーション・トーク」の真髄です。

ここでは、具体例を４つ挙げましょう。

例1【長期ゴール型で、仕事の目標が明確なIさん】

Iさんは、機械メーカーでエンジニアを育成するマネジャーとして働いています。会社からは「チームリーダーとして後輩育成に貢献してほしい」と期待されているのですが、なかなかモチベーションを保つことができませんでした。

なぜなら、Iさんは、技術を磨き海外赴任して、エンジニアとしてグローバルで活躍したいと考えていたからです。

そこで、Iさんの上司は、本人と一緒に会社の目標と個人の夢の「共有ゾーン」を探りました。

すると、「海外赴任するとしたら、現地での採用育成も業務として求められる。部下・後輩に対する指導・育成は、海外赴任に必要」と気づいたのです。

そこで、Iさんは**「業務に必要なITシステムの勉強会を月1回開く」「部下に社会人として必要なコミュニケーションスキルを指導する」**という目標を立てました。

今Iさんは、マネジャーとして部下育成に励んでいます。

例2【長期ゴール型で、個人の夢が明確なJさん】

Jさんは、食品メーカーの財務部門で働いています。

Jさんが会社から期待されている役割は、データを分析して的確な数値目標を伴った財務戦略を立案できる後輩を育てることです。

じつは、Jさんは、小説家になりたいという夢を持っています。その夢を実現するために、退職しようか悩んでいて仕事に集中することができていませんでした。

そこで、Jさんの上司は、本人と一緒に小説の執筆と財務の仕事との間の共有ゾーンを探りました。

その結果、小説を書く際、ストーリーを組み立てる経験を後輩の育成に生かせることに気づいたのです。

そこで、Jさんは**「誰でも一読すれば理解できる業務マニュアルを作成する」**という目標を立てました。

財務戦略立案に必要な手順をマニュアル化する際に、ストーリー仕立てにすることで、よりスムーズにわかりやすく後輩に伝えられるようになったのです。

例3【短期ゴール型で、プライベートを大切にしたい価値観が明確なKさん】

グラフィックデザイナーのKさんには、「需要増に応えるべく制作点数を1・2倍に増やす」という数値目標が課せられていましたが、なかなかその目標をクリアすることができませんでした。

Kさんは短期ゴール型で、「家族との時間を最優先したい」「残業せず、はやく帰りたい」という価値観に重きを置いて仕事をしていました。そのため、必要最低限の仕事しかせず、「指示待ち」になっていたのです。

「行動イノベーション・トーク」によって、会社の目標とKさんの価値観の乖離を知った上司は、会社と折衝のうえ、Kさんの出社日を週の半分にし、残りを在宅勤務にすることにしました。会社としても、納期が重なったときなどに、臨機応変に対応可能な在宅勤務にはメリットがありました。

そして、Kさん個人も、**「プライベートを充実させるために仕事を効率化する」**という目標を立てました。

仕事を効率化すればそのぶんだけ家族と一緒に過ごせる時間が増えるので、以前よりポイントを押さえた仕事をするようになりました。

その結果、モチベーションと生産性を同時に上げることができたのです。

例4【短期ゴール型で、仕事で大切にしたい価値観が明確なＬさん】

Ｌさんは、メーカーの経理担当として働いていますが、なかなか仕事のモチベーションを保つことができていませんでした。

Ｌさんの会社の経理部は「５％の経費削減」を目標に掲げていますが、短期ゴール型のＬさんの価値観は「お客様を笑顔にすること」。Ｌさんは「間接部門である経理部の仕事では、お客様を笑顔にすることはできない」と考えていたため、モチベーションを保つことができなかったのです。

そこで、Ｌさんの上司は、Ｌさんと一緒に、経理部の仕事の役割や、その成果がお客様にどう貢献するかについて考えました。

すると、「5％の経費削減が達成できれば、値上げせずにお客様に商品を届けられる」という答えが出てきました。

そこで、Lさんは**「月に1つ、自ら経費削減のための改善案を提案する」**という目標を立てました。

自分の仕事がお客様の笑顔に確実につながっていることがわかると、Lさんのモチベーションも上がっていきました。

この4つの事例からもわかる通り、会社の目標と個人の目標をすり合わせ、「共有ゾーン」を探ることで、部下のモチベーションを上げることができます。

ぜひ、試してみてください。

ステップ5
アクションプラン（10秒アクション）を作る

アクションプランを立てないと目標は形骸化する

ステップ5は、具体的なアクションプランを作成することです。
「現在地」から設定したステップ4の目標実現に向けての行動計画を明確にしていきます。

前項の最後に、会社の目標と個人の夢との間の「共有ゾーン」を見つけ、うまくいった事例を紹介しました。

これを読んで、「こんなにうまくいくなら、ステップ5は必要ないのでは？」と感じた人も多いはずです。

しかし、前項で紹介したのは、あくまでステップ4の段階でうまくいった事例です。**せっかく立てた個人目標も、具体的なアクションプランを設定せず、そのままにしておくと形骸化してしまいます。**人事評価の面接時にだけ登場する目標になってしまうと、部下のモチベーションアップにはつながりません。

また、たんに目標を立てただけでは、残念ながら現実は何も変わりません。

ほとんどの人は「心底実現したい！」という目標が定まっても、実際に行動に移すことができないからです。

これには理由があります。

私たちの脳は、新しいことをはじめたり、悪い習慣をやめる努力をしたりすることよりも、現状維持をよしとします。

私たちには、「新しい行動をするか、しないか」と迷ったときに、「行動しないほうが安全だ」と判断する脳の防衛本能が備わっているのです。

たとえば、これまで指示待ちだった部下が、ある日突然自ら考えて仕事を進めようとすれば、それなりに負担がかかります。脳は本能的に「もとの仕事の進め方に戻そう」と邪魔をするのです。

これを意志の力でコントロールしようとしても、最終的に脳のほうが勝ってしまいます。これが、いわゆる「3日坊主」です。

それでも、行動を変えていこうとするならば、変化を嫌う脳に抵抗する必要があるのでしょうか？　そんなことはありません。

脳の防衛本能に打ち勝つためには、「少しずつ」変化し続ければいいのです。じつは、脳は、「少しずつであれば変化を受け入れる」という性質も持っているのです。

これを脳の「可塑性《かそせい》」と言います。

ですから、少しずつ、確実に変わっていけるようにサポートするのがポイントです。どれほど小さくても、一歩踏み出せば、着実にゴールに近づくことができます。それを可能にするのが、ステップ5の「アクションプランを立てる」ことなのです。

自動的に行動できるようになる、10秒アクションとは？

アクションプランといっても、1から10まで細かなロードマップを作る必要はありません。

最初の一歩、とっかかりの10秒でできるアクションプランを設定すればいいのです。

私はこれを**「10秒アクション」**と呼んでいます。

「10秒アクション」というのは、目標の実現に近づくための10秒でできる具体的行動のことです。

たとえば、前述した、家族との時間を大切にするために業務を効率化したいKさんの、10秒アクションを設定するとすれば、**「朝いちばんに、今日の計画を眺める」「終業時間を宣言する」**ことなどが挙げられます。

たった10秒でとれるアクションは「たかが知れている」ことはみなさんご存じの通りです。

では、なぜ、たった10秒の行動が部下のモチベーションに劇的な変化をもたらすのでしょうか？

理由は、成功体験です。

「計画を眺める」ことや「終業時間を宣言する」ことを失敗する人はいません。つまり、「10秒アクション」を続ければ続けるほど、毎日部下のなかに小さな成功体験が積み上がっていくのです。

しかも10秒なら、どんなに忙しくても必ず実践することができます。

「こんなことで部下のモチベーションが上がるの？」と思う人もいるかもしれませんが、この取り組みは非常に効果的です。

繰り返しになりますが、人の脳は、変化を嫌うという性質がある反面、ちょっとずつなら変化を受け入れられるという性質も持っています。

10秒という小さな行動であれば変化を嫌う脳でも対応できます。

「10秒アクション」とは、言ってみれば「ドミノ倒しの最初の1枚」のようなもの。

ドミノは最初の1枚が倒れれば、あとは自動的に倒れていきます。

部下が「心底実現したい！」「行動したい」と感じていることは、10秒では終わりません。最初の「10秒アクション」さえ先延ばしせずに実行できれば、次から次へと行動がつながっていくものなのです。

10秒アクションは部下自身に決めさせる

10秒アクションを決める際に最も大切なことは、部下自身に決めさせることです。

上司が「これをやりなさい」と、やるべきことを決めてしまえば、それ自体が「やらされ仕事」になってしまうからです。

とはいえ、10秒でどれくらいのことができるのか、何をすべきなのか思いつかない部下もいるかもしれません。そんなときは、あなた自身も部下と一緒に考えてあげるようにしましょう。

たとえば……、

・チームのコミュニケーションを強化するために……、

↓職場の同僚に何かしてもらうたびに「ありがとう」と言う

・企画・提案力を上げるために……、

↓気づいたことを付せんに書く・電車の中吊り広告を見る

・仕事の生産性を上げ、残業を減らすために……、

↓自分のデスクをサッと拭く・不要なファイルをパソコンのゴミ箱に入れる

・仕事の先延ばしをなくし、ストレスを減らすために……、

↓メール返信の1行目だけを書く

・英語力を上げるために……、

↓朝、英語のテキストをカバンに入れる

いかがでしょうか。こんな簡単なことでいいのです。

10秒アクションが決まったら、パソコンのディスプレイや手帳、ノートなど毎日必ず見る場所に書き出しておきましょう。

最初のうちは、その後の行動につながらないこともあるでしょう。たとえば、英語

のテキストをカバンに入れたものの、結局その日は勉強しなかった、ということもあります。最初はそれでもかまいません。

10秒アクションを行った時点で、目標に向かって行動したことになるからです。続けていくと、徐々にその後の行動にも結びつくようになります。

もし、何度やってもその後の行動に結びつかない場合は、別の方法を試してみればいいのです。

10秒アクションを朝礼で宣言するとより効果を発揮する

なお、毎朝朝礼をやっている職場であれば、毎日自分で決めた10秒アクションを宣言してもらい、朝礼直後に実行してもらうようにするとより効果的です。

というのも、**脳科学的に「やる気」を出すコツは、「体を動かす」ことだとされているからです。**

脳には、「側坐核《そくざかく》」と呼ばれる〝やる気スイッチ〟が存在します。この側坐核は、外から刺激しないと活動してくれません。その刺激とは、体を動かすことなのです。

まず、10秒アクションに着手する。すると、側坐核が刺激され、やる気が出てきます。そして結果的に、スムーズに仕事に取りかかれるようになるのです。

10秒であれば、どんな状況にある部下でも、簡単に行動することができます。どんなに仕事で追い込まれていても、締め切りが迫っていても、部下が「心底実現したい！」目標に着実に近づくために、一歩を踏み出せる。しかも、その一歩はとても簡単で、必ず成功する一歩です。

たった10秒のアクションプラン。

これならどんな人でも続けられると思いませんか？

第2章では、指示待ち部下がモチベーションを上げ、自ら考え動き出すための仕組み「行動イノベーション・トーク」についてお伝えしてきました。

「行動イノベーション・トーク」は、定期面談以外にも、ちょっとしたミーティングや雑談の場でも活用することができます。一度にすべて行う必要もありませんから、ぜひ、日々の仕事に取り入れてみてください。

第２章のまとめ

部下のモチベーションを上げる「行動イノベーション・トーク」とは？

- 「行動イノベーション・トーク」とは、部下のモチベーションを上げるために、上司が部下の「目標作り」とその実現をサポートするための仕組み。
- 「目標」とは、会社が与える数値目標などではなく、部下自身が「心底実現したい！」と思える目標のこと。

「行動イノベーション・トーク」の５ステップ

ステップ１　現在地を確認する

仕事を分解し、できているところ、できていないところを確認する。

ステップ２　会社の目標と部下の役割を確認する

部下自身が、自分に期待されていること、自分の役割を知る。

ステップ３　個人的な夢や目標を確認する

部下自身が、本当にやりたいことを再確認する。

ステップ４　部下の個人目標を設定する

具体的にどうするのかを決める。

ステップ５　アクションプラン（10秒アクション）を作る

目標に向かうための具体的な行動を決める。

第3章

「行動イノベーション・トーク」の効果を最大化するコミュニケーションメソッド

クローズド・クエスチョンと、オープン・クエスチョン

第1章では、部下との信頼関係を築くためのコミュニケーションのコツ、第2章では、部下のモチベーションを上げるための仕組み、「行動イノベーション・トーク」の活用法についてお伝えしてきました。

この2つに共通するのは「会話」です。

上司と部下との間の会話がスムーズにやりとりされれば、信頼関係がより深まり、部下のモチベーションも上がっていきます。

そこで第3章では、日々のコミュニケーションや「行動イノベーション・トーク」のなかで活用できる会話のコツについてお伝えしていきましょう。

第1章で、「指示だけ上司」と「指示待ち部下」が多い職場に共通していることは、

「機能しない会話」が圧倒的に多く、同じパターンの会話が続くことです、とお伝えしました。

その原因の1つに、会話のほとんどが「クローズド・クエスチョン」で構成されているということがあります。

クローズド・クエスチョンとは、部下が「YES・NO」「A or B」など二者択一で答えられる、回答が限定された質問のことです。

たとえば、

「明日の朝までに資料を準備できる？」

「会議室の予約した？」

「報告書はこのまま提出する？　それとも修正する？」

などといった質問がこれにあたります。

クローズド・クエスチョンは、二者択一で即答できるため、時間のない上司が仕事の進捗状況を確認したいときなどに便利です。

一方で、二者択一の回答はすぐに完了してしまうので、会話が広がりにくいというデメリットもあります。さらに、部下によっては尋問されたように感じることもあります。

とくに、常に仕事に追われている忙しい上司は、部下に対してクローズド・クエスチョンのみで質問しがちです。しかし、これは上司の都合。こんな会話が続くと、部下との信頼関係を築けませんし、部下のモチベーションが上がることもありません。

では、どうすればいいのか？

それは、日常の会話に「オープン・クエスチョン」を取り入れることです。

オープン・クエスチョンとは、回答が限定されておらず、自由に答えられる質問のことです。具体的には、「いつ（Ｗｈｅｎ）」「どこで（Ｗｈｅｒｅ）」「何を（Ｗｈａｔ）」「誰が（Ｗｈｏ）」「なぜ（Ｗｈｙ）」、そして「どうやって（Ｈｏｗ）」という５Ｗ１Ｈの疑問詞を使います。

たとえば、

「あの提案書について、どう考えている？」

「どうすれば、もっと生産性が上がると思う？」

「昨日のプレゼンをやってみてどうだった？」

というような質問がこれにあたります。

オープン・クエスチョンには、自由に回答できるので、部下の思考を促すことができるというメリットがあります。部下が自分で考えることにより、気づきが生まれたり、理解が深まったりすることがあるのです。

これまで、オープン・クエスチョンをほとんど使ってこなかった方に私がおすすめしているのが、**「あなたはどう思う？　あなたの考えを聞かせて」**という質問。これを普段の会話の最後につけ加えるだけでＯＫです。

誰でも簡単に使うことができますので、ぜひ試してみてください。

ただし、すべての質問をオープン・クエスチョンで投げかけると、部下にとって負担になってしまうこともありますので、適宜クローズド・クエスチョンと使い分けながら活用してください。

同意・共感・承認の違いを理解すれば、コミュニケーションはうまくいく

あなたは、「同意」「共感」「承認」という3つの言葉を区別できていますか？

部下の意見に同意できないからといって、全否定してしまう上司が意外に多いのです。これでは、部下のモチベーションは下がってしまいますし、信頼を得ることもできません。

まず、「同意」「共感」「承認」の違いについて確認しておきましょう。

同意・共感・承認の違い

同意

・相手の意見、考え、提案などの結論に賛成すること

共感

・相手の感情を理解すること

承認

・観察して得た事実を、評価を加えずにそのまま伝えること
・褒めなくていい。「できていること」を指摘する（「褒める」とは、相手のいい点や成果を評価して伝えること）

私はよく、企業研修やコンサルティングの場で、**「結論に同意ができなくても、共感・承認はできる」**という話をします。

たとえば、部下が取引先のことで愚痴を言ったとします。

「○○社のやり方は、えげつないから好きじゃありません。違う会社に変えたいくらいですよ!!」

こんなとき、あなたはどう対応していますか？

先方の会社のやり方が好きになれないからといって、取引先をすぐに変えることは難しいでしょう。

しかし、部下の言っている内容に同意できないからといって、こう返答したらどうなるでしょうか。

「気持ちはわかる。でも、○○社とは長いつき合いだし変えるわけにはいかない。我慢してくれ……」

部下の側は、「上司はわかってくれない……」「上司は自分の話など聞いてくれない」「どうせ言っても無駄だから指示されたことだけに従おう」と思うようになるのです。

部下は、必ずしも自分の言ったことに対し、賛成してほしいわけではありません。上司に共感を示してもらうだけでも、気持ちがラクになります。

このような場面では、同意はできなくても、次のように「共感」を示すことで、部下との関係性を損なわずにすみます。

「そうなんだ。取引先を変えたいと思うぐらい、〇〇社のやり方が嫌だと思ったんだね」

ポイントは、相手が「そうなんです」で返せる応答をすること。

イメージとしては、キャッチボールです。相手が投げてきたボールがどんなものであっても、「一度受けとる」というイメージです。

このように「共感」を示したあと、「どの部分にそう感じたの？」と、部下がそう思うに至った経緯に耳を傾けます。そのうえで、今後の対応について一緒に作戦を立てていけばいいのです。

「共感」を示す際に注意すべきことは、上司側が部下に自分の意見に対する「賛同」「賛成」「同意」「納得」「理解」を求めないこと。これでは、上司が納得するための時間となってしまいます。

主役が誰なのか、誰にスポットライトをあてているのかを明確に意識しないと、気がつくと〝上司のための〟時間、会話になってしまうのです。

なお、共感は心でするものですが、具体的行動が伴わないと相手に伝わりません。そこで、具体的行動についてもお伝えします。

次の4つの行動をとるだけで、あなたが共感していることが部下に伝わるようになります。

共感を表す4つの行動

1 相槌・うなずき

例 「うんうん」「なるほど」「そうなんだね」「そうなんですね」

2 受け止める

例

「○○さんは、そう思った（考えた・感じた）んだね」

3 相手の「言葉」を繰り返す

例

相手の「○○なんです」という言葉に対し、「○○なんだね」と言葉を返す

4 相手の「気持ち・感情」を言葉にして返す

例

「よほど○○な思いをしたんだね」
「それは大変だった（嬉しかった）ね」

ビジネスの現場では、部下の考えや意見、愚痴に同意できる場面はそう多くありません。でも、共感できる場面は多くあります。

まずは、同意と共感を区別するところからはじめてみましょう。それでも共感が難しいときは、「否定しない」ことだけでもOKです。

4つの「承認」を使い分け、部下との関係をよりよいものにする

前項でお伝えした「共感」ができるようになったら、さらに「承認」をプラスしていきましょう。

「承認」することの重要性については第1章でお伝えしました。これは、部下との信頼関係を構築し、モチベーションを上げるうえで非常に大切なことです。

ここでは、「承認」についてもう少し深掘りしてお伝えしていきます。

じつは、承認には「結果承認」「行動承認」「存在承認」「第三者からの承認」という4つの種類があります。

これらをシーンによって使い分けることができるようになれば、部下の意見に同意できないときでも、無駄な対立や感情的なしこりを残さずに、仕事をスムーズに進めることができるようになります。

では、1つずつ解説していきましょう。

4つの承認

1 結果承認

例
「今期は、前期より16%伸びているね」
「商談成立おめでとう」

「結果承認」とは、文字通り、仕事の結果や成果を承認することです。結果承認は、承認する対象がわかりやすいため、最も簡単にできるはずです。部下が成果を出したら、それがどんなに小さなものでも、積極的に承認するようにしましょう。

2 行動承認

例
「いつも掃除してくれてありがとう」
「1人で企画書を作って、商談をまとめられるようになったね」

仕事は趣味や遊びではありませんから、結果を出すことをシビアに求められます。そのため、成果や結果が出たときしか部下を承認しないことが多くなってしまいがちです。しかし、経験の少ない部下が、成果・結果を出し続けるのは困難です。さらに、多くの部下は、自身の裁量が少ないため、仕事の成果・結果をコントロールできないことも多いものです。

一方で、成果や結果を出すための行動や努力といった「プロセス」はコントロールすることができます。このプロセスを承認することが「行動承認」です。

行動承認をすることによって、成果を出していない部下でも好ましい行動を増やしていくことができます。

③ 存在承認

例
「あなたがいてくれて助かる」
「ありがとう」

見落としがちなのが、「いてくれて助かる」「ありがとう」という、部下の存在そのものへの承認です。

常に仕事に追われている上司は、部下に対する存在承認を忘れがちです。この状態が続くと、部下は「自分のことを気にかけてくれない」「自分は信頼、評価されていない」などと思いはじめ、徐々にモチベーションが落ちてしまいます。

存在承認はけっして難しいことではありません。

朝、笑顔であいさつする。何かしてもらったら「ありがとう」と伝える。名前を呼ぶ。元気がなさそうなら「どうしたの？　大丈夫？」と声をかける。ランチに誘うなど、簡単なことでいいのです。

指示待ち部下は、自信をなくしていることが多いものです。上司から存在を承認されることによって、部下は「上司が気にかけてくれている」「信頼、評価されている」と感じ、自ら考え動くためのモチベーションを手に入れることができるのです。

4　第三者からの承認

例　「○○さんが、こう言っていたよ」

4つめの「第三者からの承認」とは、「○○さんが、あなたの仕事ぶりを褒めていたよ」という事実を伝えることです。

この「第三者からの承認」を「結果承認」や「行動承認」と併せて使うことで、上司の言動に対する信ぴょう性が高まり、部下のモチベーションをより高めることができます。

以上、4つの承認を使い分けると、部下との関係性やモチベーションが劇的に変わります。

あなたは、どこまで承認できていますか？

一度チェックしてみましょう。

「アクション」よりも、「リアクション」を大事にする

部下とのコミュニケーションの方法は、大きく分けると2つあります。

1つは、上司から積極的に働きかける「アクション」。

もう1つは、部下から報告・連絡・相談などをされたときの「リアクション」です。

リーダーシップや部下育成というと、「アクション」に重きを置きがちです。

上手な指示命令の出し方やファシリテーション、プレゼンテーション、交渉力、説明力、伝達力、指導力といったことを学んでいる方も多いのではないでしょうか。

ただ、これらのアクションスキルは、スキル不足の部下を育成する際には効果的ですが、モチベーションが低い指示待ち部下に対しては、あまり効果的ではありません。

モチベーションが低い部下に、いくら説明、説得しても、反応が薄いからです。

モチベーションが低い部下に対しては「アクション」よりも「リアクション」を変

えるほうが効果的です。

たとえば、部下から報告・連絡・相談・質問、提案などを受けたときに、あなたはどんな対応をしていますか？

上司の対応の仕方によって、「この人は、自分のことをわかってくれている」と信頼関係が深まることがあります。または、「思いきって提案してよかった」とモチベーションが上がることもあります。

逆に、「この人に提案しても聞いてもらえない」「相談しても無駄」と部下のモチベーションが下がることもあります。

1回ごとの上司のリアクションの影響は小さいかもしれません。ですが、1日何回ものリアクションが積み重なっていくと、影響は大きなものになるのです。

さらに、上司のリアクションは、部下との信頼関係構築や部下のモチベーションアップだけでなく、職場の雰囲気をよくする、離職率を下げるといったことにまで影響してくるのです。

「まず否定する」癖をやめる

では、上司は部下に対してどのようなリアクションをとればいいのでしょうか。

部下へのリアクションは大きく分けると2タイプしかありません。「NOタイプ」と「YESタイプ」です。

- **NOタイプ：まず否定する。ダメ出しをするタイプ**
- **YESタイプ：まずYESで受け止めるタイプ**

あなたは、どちらのタイプでしょうか？

管理職を対象とした研修で、「あなたは、どちらのタイプですか？」と質問すると、圧倒的にNOタイプが多く、約8割のリーダーがNOタイプです。

じつは、そのなかの多くのリーダーが「否定するのが上司の役割」だと考えています。つまり、よかれと思ってNOタイプのリアクションを実践しているのです。

しかし、この考え方は間違っています。**部下を自ら考え動く人材に育てるためには、YESタイプのリアクションが有効です。**

そこで研修では、次のように「NOタイプは、本当に効果的なのか」を体感してもらうことがあります。

ここにAさんとBさんがいたとします。

Aさんは日ごろの運動不足に悩んでおり、Bさんに相談しました。するとBさんは、次のようなアドバイスをしました。

「ひと駅前で電車を降りて会社まで歩いてはどうか」

「社内の移動に階段を使ってはどうか」

「昼休みに散歩するのはどうか」

もし、そのアドバイスに対して、Aさんが次のように片っ端から否定したら、どうなるでしょうか？

「朝は時間に余裕がないから、ひと駅前で降りて歩くのは無理」
「腰が痛いから階段は使いたくない」
「散歩する時間があったら眠りたい」

Bさんは、「今後も何かAさんに聞かれたら、解決策を提案してみよう」「Aさんの役に立つアイデアをもっと考えてみよう」と思えるでしょうか？

「思いきってAさんに提案してみてよかった」「よし、いろいろ大変だけれど、これからも積極的に自分の意見を伝えていこう」と思えるでしょうか？

思えるはずないですよね……。

もし、そんなAさんがあなたの上司で、「あなたの意見や考えを聞かせてほしい」「あなたのキャリアプランはなんですか？」「あなたの価値観は？」などと聞かれたらどう思うでしょうか？

質問されても、答えを考えたくもないし、たとえ思いついても答えようとは思わないはずです。

AさんのBさんに対する態度は、とてもひどいものだと思いませんか？

もしあなたが、部下から報告・連絡・相談・提案があったときに「まず否定」から入っているとしたら……。

それはAさんのような仕打ちを、毎回部下に行っているのと同じことなのです。

このように、部下に対してNOタイプのリアクションをすると、頭ごなしに否定された部下はカチンときて、信頼関係が壊れ、モチベーションも下がります。

さらに、人前で否定されるようなことがあると、悔しさと恥ずかしさで、部下は上司に対して感情的なしこりを残してしまうこともあります。

こういったことが日常的に起こると、上司の指示や意見を公然と批判する、陰口を言う、表向きは「YES」と返事をするけれど従わない、といった行動をとるようになります。

また、無気力になって指示を待つようになり、最低限の仕事しかしなくなることもあります。これがさらに悪化すると、休職や退職をしてしまうことすらあるのです。

では、YESタイプのリアクションをとると、部下はどう変わるのでしょうか。

先ほどと同じく、日ごろの運動不足に悩んでいるAさんに対して、Bさんがアドバイスをしています。

もし、先ほどと同じアドバイスをくれたBさんに対して、Aさんが、

「なるほど」

「その手がありましたね」

「Bさんはそう考えたんですね」

などと、一度相手の意見を受けとるリアクションをとったら、Bさんはどう思うでしょうか？

Bさんは、「思いきってAさんに提案してみてよかった」「今後もAさんに何か聞かれたら解決策を提案してみよう」「Aさんの役に立つアイデアをもっと考えてみよう」「よし、いろいろ大変だけど、これからも積極的に自分の意見を伝えていこう」と思うはずです。

Aさんは Bさんの提案内容に同意・賛成しているわけではありません。

それでも、いったん相手の話を受け入れるだけで、両者の関係性は深まるのです。

「ニュートラルのＹＥＳ」を使えば、部下に対するストレスが激減する

ここまで読んで、「そうは言っても部下の意見にすべてＹＥＳで答えるなんてできないよ」と思った方も多いことでしょう。

その気持ちもわかります。部下の仕事に対して結果責任を負うのは上司です。だからこそ、なんでもかんでも肯定できないのです。

部下の気まぐれな報告・連絡・相談・提案に同意できないのに、「ＹＥＳ」と言えるわけがない。すべて肯定していたら仕事にならない。部下の間違いを正して、適切な方向に導くことこそが上司の役割なのでは……。

なかには、ダメ出しやあら探しをすることこそが、〝上司の威厳〟だと考えている方もいるかもしれません。

また、自分が同意できないことを肯定することはストレスにもなります。部下に対

してイライラが増すから、安易に「YES」と言うのは嫌だ、という人も多いことでしょう。

しかし、それは誤解です。

NOタイプの人は、「意見や結果」に対して同意できないときには、すべて「NO」と言うしかないと思っていることが多いのですが、じつは、同意できなくても「YES」と言うことはできます。

あなたは、「コップに半分の水」という話を聞いたことがありますか？

目の前のコップに、水が半分入っている。これをどう捉えるかという話です。

否定的な人は、「半分しか入っていない」と解釈します。

肯定的な人は、「半分も入っている」と解釈します。

ここまでは、誰もが想像できると思います。じつは、このほかにもう1つ捉え方があるのです。

それは、「コップに水が半分入っている」と、事実をそのまま受けとることです。

この捉え方のことを、私は**「ニュートラルのＹＥＳ」**と呼んでいます。

ニュートラルのＹＥＳとは、部下の言ったことに対して評価を加えずに客観的に受け止めることです。部下の意見や発言をそのまま受けとるだけなので、内容に同意できなくても「ＹＥＳ」と言うことができるわけです。

たとえば、次のようなイメージです。

「そうだね。そう考えるのが当然だよね」
「そういう見方もあるね」
「鋭い指摘ですね」
「報告してくれてありがとう」
「言いにくいことを言ってくれてありがとう」

部下からの問いかけを、「ニュートラルのＹＥＳ」で受け止められるようになったら、もう１つ意識していただきたいことがあります。

それは、話の最後を「あなたはどう思う?」「期待しているよ」といったように、建設的な問いかけ、もしくは応援メッセージで締めることです。

この「ニュートラルのYES」のリアクションをマスターすると、部下に対してイライラしたり、腹を立てたりすることが激減します。部下に対して感情的になることが減るので、冷静に対処できるようになりミスも減ります。

さらに、部下のモチベーションを下げずに、上司の考えをスムーズに伝えることもできるようになるのです。

もちろん、これまでよかれと思って否定し、部下にダメ出ししていた上司が、部下とのコミュニケーションを劇的に変えることは難しいときもあるでしょう。

ですから、いきなりすべてを変えるのではなく、まずここで紹介したような、日々のコミュニケーションの「入り」と「出」を変えてみることをおすすめします。

少しずつ変えることは脳の可塑性（ちょっとずつなら変わっていける）という性質にもかなっています。

最初は違和感を覚えると思いますが、続けているうちに自然と部下とのコミュニケーションがいい方向に変わっていくことを実感していただけるはずです。

「目的志向アプローチ」で、会議の場での「指示待ち」をなくす

営業会議や企画会議など、会議の場で部下が積極的に発言しない、アイデアを出さない、当事者意識がないと悩んでいる上司も多いことでしょう。

ここでは、会議の場での部下の指示待ちをなくすためのコミュニケーションのコツを紹介しましょう。

会議の場でアイデアが出ないようにするのは簡単です。

部下がアイデアを出すなど、発言をした瞬間に、「それはダメだね」と否定すればいいのです。すると、部下は萎縮し、モチベーションも下がるので、しだいに発言が少なくなり、アイデアを出さなくなります。

会議の場で、部下に当事者意識を持たせ、積極的にアイデアを出させるためには、

この逆をやればいいのです。

つまり、どんなアイデアや発言であっても、評価や批判をしないこと。「気軽に発言できる、アイデアを言える」ということを重視するのです。

具体的には、たとえ荒唐無稽に思えるアイデアでも、まず「いいですね！」と言うことをルール化します。上司からすると、くだらないと思えるようなアイデアでも、それを尊重したうえで、よりよくするためにどうすればいいのかを話し合うと、意外な方向で新たなアイデアが生まれたりするものです。

さらに、アイデアを広げ、発言を活性化させるために効果的なのが**「目的志向アプローチ」**です。

一般的に、部下の発言が少ない会議では、出てきたアイデアに対し「なぜ、もっといいアイデアが出てこないのか？」「提案したアイデアのどこに問題があるのか？」を追究する「原因志向アプローチ」をとることが多いのです。

この方法では、部下は萎縮してしまいます。発言した人が損をする、恥をかく、ダメ出しされる雰囲気になると、部下は発言を控えるようになるうえ、いいアイデアが出てこなくなります。
一方、参加者に「その仕事の最高のアウトプットは？」「驚異的な結果が出るとしたら？」「史上最高のアイデアがあるとしたら？」と問いかける「目的志向アプローチ」で議論を進めるよう意識すれば、自由に発言できる空気が生まれ、前向きな議論が活発化するため、部下の発言が増え、いいアイデアが生まれるようになります。

なお、いくら参加者のアイデアを評価、批判せずに、目的志向アプローチで会議を行ったとしても、最終的には出てきたアイデアを採用するか否かのジャッジを下さなければなりません。

その際は、判断基準を明確にすることを意識してください。

明確な基準を作り、それを共有したうえでアイデアを選別すれば、仮に、自分の提案したアイデアが採用されなかったとしても、部下のモチベーションが下がることはありません。

以前、私の研修に参加されたGさんは、研修を受けるまでは、会議の場で部下に半ば強制的に発言させていました。

研修後、部下のアイデアを評価、批判せずに、目的志向アプローチで会議の進行をするようにしたところ、会議の雰囲気がガラリと変わったそうです。

Gさんから、こんな感想をいただきました。

私から指名しなくても部下自ら発言するようになり、会議が盛り上がりました。こんな会議ははじめてでした。私がファシリテートする必要がないくらいスムーズに進み、正直驚きました。

さらに、企画会議直後の部下の表情がイキイキし、明らかにモチベーションも上がっていました。このやり方をもっとはやく導入すればよかった。

もし、会議の場で部下の発言が少ない、会議が形骸化してしまっていると感じているのであれば、ぜひ目的志向アプローチを試してみてください。

「目的志向アプローチ」で、モチベーションを落とさず部下に指摘する

ここまで読んで、部下の発言を「YES」で受け止めたり、アイデアを評価、批判したりしないことは理解したけれど、成果が上がらない部下に対して、指摘することは必要なのでは？　と疑問に思った方も少なくないはずです。

もちろん、成果が上がらない部下にそれを指摘することは必要です。

とはいえ、営業会議などの場で、数値目標を達成できなかった部下を非難するようなことをしてはいけません。

成果を出せなかった部下をいくら非難しても、部下は目標達成できるようにはならないからです。

上司から非難されて、モチベーションが上がる人はいませんし、非難だけでは部下のスキルも上がらないからです。

では、どうすればいいのか？

成果を出せなかった部下に対しては、作戦会議を行うことが効果的です。「どうしたら数値目標を達成できるのか？」を一緒に考えるのです。

ここでも、「原因志向アプローチ」よりも、「目的志向アプローチ」のほうが効果的です。

「数値目標を達成できなかったのはなぜか？」「何が悪かったのか？」といった原因を追究しても、部下のモチベーションもスキルも上がらないどころか、原因志向アプローチだけでは、言い訳上手を育てることになってしまいます。

- 景気が悪い
- 他社製品のほうが安くて魅力的
- 商品の認知度が低い
- 商品の評判が悪い
- そもそも、自分は営業に向いていない

数値目標を達成できない原因を探そうと思えば、いくらでも出てきます。しかも、その原因の半分以上は部下1人では解決できないことです。

数値目標を達成できない原因を追究しても「他社製品のほうが魅力的で安いのだから仕方ない」「そもそも営業に向いていないのだから仕方ない」で終わってしまうと、建設的な作戦会議にはなりません。

これに対して、「目的志向」の作戦会議では、過去の原因にはフォーカスせず、視点を未来に向けます。

- **どうしたら目標を達成できるか？**
- **なんのために目標を達成するのか？**
- **最高にうまくいくとしたら、どうなっていたらいいのか？**
- **目標達成のために自分が貢献できることはどんなことか？**
- **目標達成に必要なスキルはどんなことか？**

これらの答えを、部下と一緒に考え共有することで、部下のモチベーションは高まります。

さらに、目標達成のために必要なスキルも明確になります。

そのうえで、スキルアップが必要な部下に対しては、上司がフォローしていくことになります。

なお、部下のスキルアップについてのノウハウは、次章で詳しくお伝えしていきます。

第３章のまとめ

部下のモチベーションを上げるコミュニケーションメソッド

■オープン・クエスチョンを活用する

二者択一で答えられるクローズド・クエスチョンではなく、回答が限定されないオープン・クエスチョンを日常会話に取り入れる。

■部下の意見に「共感」する

たとえ同意できなくても、相手の話を一度受けとり、「相槌・うなずき」「受け止める」「相手の言葉を繰り返す」「相手の気持ち・感情を言葉にして返す」という4つの行動で共感を示すことで、部下の気持ちがラクになる。

■4つの「承認」を使い分ける

「結果承認」「行動承認」「存在承認」「第三者からの承認」の4つを使い分けることで、部下との関係性は劇的に変わる。

■リアクションを大切にする

上司から働きかける「アクション」よりも、部下から働きかけられたときの「リアクション」を重視する。「まず否定する」NOタイプのリアクションをやめ、まず、相手の話を「YES」で受けとるYESタイプのリアクションを心がける。部下を否定しそうになったら評価を加えず客観的に受けとる「ニュートラルのYES」を活用する。

■「目的志向アプローチ」で部下の自発性を促す

過去の原因にフォーカスする「原因志向アプローチ」ではなく、視点を未来に向ける「目的志向アプローチ」を用いることで、会議の場での自発性や部下の成長を促すことができる。

第4章

部下のスキルアップを加速する「成長の5ステップ」

部下マネジメントの一般常識にサヨウナラ

ここまで、指示待ちの原因の1つである、「モチベーション不足」を解消するためのメソッドを解説してきました。

第4章では、もう1つの原因である「スキル不足」を解消するためのメソッドを紹介していきましょう。

あなたは、部下に対して「なんで、こんなに簡単な仕事もできないのか？」と、イラッとしたことはありませんか。

仕事が遅い、ミスが多い、先を考えない、逆算思考ができない、1から10まで教えないとできない、スケジュールを守れない、優先順位をつけられない、並行処理ができない……。

じつは、このような「スキル不足」の原因は、上司の側にあります。それは、「作業」と「スキル」の違いを認識していないからです。

すべての仕事は、「作業」と「スキル」の2つに分けられます。

「作業」とは、指示して、やり方を教えればすぐにできる仕事のこと。

「スキル」とは、言葉で指示するだけではできない仕事。できるようになるには経験や訓練が必要な仕事のことです。

たとえば、自転車の鍵は、「鍵の保管場所、鍵穴の場所、鍵の回し方」を教えれば、誰でもすぐに開けられるようになります。

これに対して、自転車の乗り方は、知識として伝えても、練習を繰り返してコツや感覚をつかまないかぎりは、乗れるようにはなりません。

あたり前のことに聞こえますが、こと仕事となると、「作業」と「スキル」の違いを認識していない上司が多いのです。

自転車に乗れない部下に、「自転車に乗れ」という指示だけ出してもできないのは、部下のモチベーションや能力の問題ではありません。ましてや、あなたのリーダーシップの問題でもないのです。

部下のスキル不足の原因は、「指示だけ出してもできない」ということを、上司の側が理解していないという一点にあります。

すべての仕事を作業とスキルに分類し、それらを「できる・できない」に分け、それぞれに知識や訓練を施す必要があると聞くと、うんざりされる方がほとんどだと思います。

プレイングマネジャーである上司は、部下育成だけをしていればいいわけではなく、自分自身の業務もあるわけです。これでは、いくら時間があっても足りないと考えるのも当然でしょう。

また、「先輩の仕事を見て盗め」「上司の背中を見て学べ」「若いうちは修行だから何度も試して、失敗して自分でコツをつかめ」「自分が新人のときは、教えてもらえなかったのだから、後輩も苦労すべき」と考えている人もいることでしょう。

しかし、多くの部下は、「教えるのは上司や先輩の役割」「上司は部下指導をするためにいる」「仕事ができるようにならないのは上司の教え方が下手だから」「指導を放棄している上司が悪い」と考えています。

なかには、「この会社にいても仕事ができるようにならないから、ほかの会社へいこう」と考える部下すらいます。


でも、ご安心ください。

部下指導の一連の流れを定型化し、順番通りにステップを踏むだけで部下のスキル不足を解消する仕組みが、これから解説する「成長の5ステップ」です。

部下育成が苦手な方にとって、部下のスキル不足を解消することはとてつもない壁に感じるかもしれません。しかし、実際にはあなたの目の前に壁などありません。壁は自分の外側ではなく、苦手意識を感じている内側にあります。

これから、お伝えするメソッドを実践していただければ、部下育成が難しいものではないことを、必ず実感していただけるはずです。

部下のスキル不足を解消する「成長の5ステップ」とは？

「成長の5ステップ」とは、仕事を「作業」と「スキル」に分類し、それぞれできていること、できていないことに分ける。そして、それぞれを訓練したうえで、人に教えることができるくらい習熟させていく仕組みのことです。

ただ、これらをやみくもに行えばいいというわけではありません。部下育成には順序があります。その順序を間違えると、部下は伸び悩むことになるのです。

ひらがな・カタカナが読めない子どもに、「自分で絵本を読んでみよう」と指示してもできないように、仕事のスキルアップの訓練にも手順があるのです。

なお、部下が複数いる方は、1人ひとりていねいに接していくことが大切です。画一的に指示しても、部下の大きな成長は望めません。

部下1人ひとりの仕事の習熟度、実力、どんなキャリアプランを持っているのかなど、相手の「現在地」をより深く知ったうえで、次の5ステップを実践いただくと効果的です。

そのときに役立つのが、「行動イノベーション・トーク」のステップ1**「現在地を確認する（できているところ、できていないところを確認する）」**です。行動イノベーション・トークを行うことで、「成長の5ステップ」の効果、効率を上げることができるのです。

では、5つのステップを見てみましょう。

成長の5ステップ

ステップ①　できることを完璧にできるようにする

部下のできているところを承認し、完璧にできるようにする。

ステップ②

できない「作業」をできるようにする

アクションリストを作り、「未知」の作業を「既知」の作業に変える。

ステップ③

できない「スキル」をできるように訓練する

部下に仕事に対するイメージを持たせ、繰り返しアウトプットさせる。

ステップ④

「作業」を教えられるようにする

「成長の5ステップ」のステップ1〜2までを部下に教える。

ステップ⑤

「スキル」を教えられるようにする

「成長の5ステップ」のステップ3を部下に教える。

研修で、「成長の5ステップ」についてお伝えすると、たいていの方は驚かれます。

「これまで、作業とスキルの違いなど意識したことがなかった」

「〝作業〟するために必要な最低限の知識しか伝えていなかったかもしれない」

「〝できることを完璧にする〟という、最初のステップを踏んだことがなかった」


こんなリアクションが返ってくるのは、日常的に部下育成について真剣に考える時間がない上司が多いことの表れです。

この、5ステップを意識して部下に接するだけで、部下育成の悩みが激減します。しかも、ステップ4と5を経ることで、後輩を成長させられる部下が育ちます。それによって上司の仕事は劇的にラクになります。

実際、私の部下育成研修を受けられた方からは、部下育成の悩みから解放され、仕事がラクになったとの声をいただいています。


以前は、指導から育成まで自分1人ですべてやっていたので本当に大変だった。部下育成研修を受けて実践して、やっと部下が後輩の育成までできるようになった。現在は、仕事の可処分時間が増え、業務すべてがスムーズに行えるようになった。

部下が後輩を育成できるようになって、いい循環が生まれてきている。

部下にとっては、「後輩に教えたことは自分も守らないと」「後輩に教えるからには自分も勉強しないと」という意識が出てきて、適度な緊張感を持って働いている。

後輩にとっては、「先輩が教えてくれたということは、自分も近い将来、後輩に教える立場になるのだ」ということを自然と理解するようで、以前よりテキパキ動くようになった。


もしあなたが今、部下に対して、なかなか仕事ができるようにならない、仕事の覚えが悪い、何度も同じようなことを質問してくる、一刻もはやく戦力になってほしいという悩みがあるのであれば、ぜひ「成長の5ステップ」を試してみてください。

では、1つずつ解説していきましょう。

ステップ1
できることを完璧にできるようにする

スキル不足の部下に必要なことは、まず自信をつけること

あなたは、スキル不足の部下に対してまず上司がやらなければいけないことは、「部下ができないことをできるように指導する」ことだと考えていませんか？

これは大きな間違いです。

スキル不足の部下に対して、上司がまずしなければならないことは、「部下が今できている部分」をしっかり承認すること、そして、それを完璧にできるようサポートすることです。

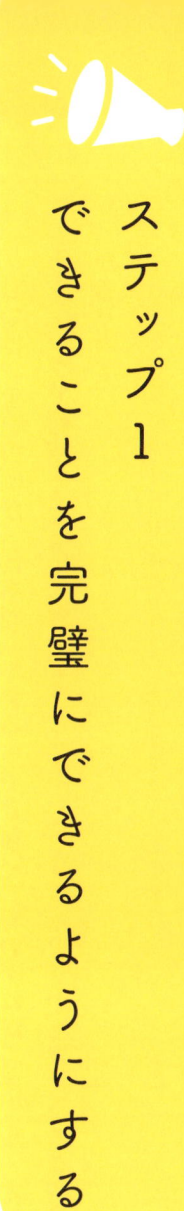

じつは、多くの上司がこのことを勘違いしています。
スキル不足の部下のほとんどは、「自分はこの職場でやっていけるかな？」「みんなについていけるだろうか？」という不安な気持ちを持っています。簡単に言えば自信がないのです。

そんな状態の部下に、できないことをやらせようとしても、不安は解消されません。それどころか、ますます不安が増幅し、よけいに自信を失ってしまいます。

不安、孤独、焦り、フラストレーションといったネガティブな感情を抱えすぎてしまうと、本来の実力を発揮できずに終わってしまうのです。
だからこそ、「成長の5ステップ」のステップ1は、現時点で部下ができていることを完璧にできるよう指導し、それを認めることなのです。

じつは、上司の側が、仕事が「できる・できない」のいずれか、オール・オア・ナッシングで判断するところに、コミュニケーションギャップが生まれる大きな原因があります。

仕事の成果は、100点か0点かで評価することはできません。実際は、35点、60

点、70点など、できている部分とできていない部分が共存しているわけです。

その、「部分的にできていること」をスルーして、仕事の「できる・できない」を評価してしまうと、成長過程の部下はがっかりしてしまいます。

このステップを経ることで、部下が「自分にもできることがある」と、自信をつけることができます。さらに、部下ができることを上司のあなたが承認することで、信頼関係も深まります。

そのうえで、新たなことに挑戦すればいいのです。

できるところまで戻る

では、実際にどのようにすればいいのでしょうか。

あなたは、勉強が苦手な子どもに勉強を教える際に、最も効果的な方法を知っていますか？

それは、「できるところまで戻る」ということ。

学校の勉強は、わからないところをそのまま放っておくと、どんどんわからなくなっていきます。基礎ができていないと新しいことが理解できないので、学年が進むにつれ、どんどん勉強がつまらなくなっていきます。そして、最終的に勉強したくなくなってしまうのです。

そういった場合、その子がたとえ小学5年生だったとしても、掛け算の九九でつまずいたのであれば、九九より前の足し算・引き算まで戻ります。

ポイントは、つまずいている九九からはじめないこと。

簡単な勉強を繰り返すことで、土台を作る必要があるからです。たとえ簡単な足し算でも、算数ができなくてつまずいている子どもであれば、スラスラ解けると自信になります。そこで、親や教師がすかさず承認するのです。

「足し算、スラスラ解けているね」「計算はやいね」「全問正解だね」。これを繰り返し、自信がついた段階で、はじめて九九に進むとうまくいくわけです。

これは、仕事でも同じです。

どんなに簡単な仕事でも、部下は自分1人でできるようになると「これならできる」「簡単」「この調子でいけば、仕事ができるようになる」」「成長できる」という自信をつけることができます。

要するに、仕事ができない部下に必要なのは成功体験なのです。

あなたは、仕事ができない部下にも、成功体験を積ませていますか？

「できた」という経験をさせてあげられていますか？

まず、誰でもできる「作業レベル」の仕事を完璧にする

では、スキル不足の部下に対して、具体的にどうやって働きかけたらいいのでしょうか？

今、「できるところまで戻る」とお伝えしましたが、複数の部下を抱える上司が、1人ひとり、精査するのは現実的ではありません。

ですから、まずは、どんな人でもできる、作業レベルのことを完璧にできるようになってもらうことを目指します。

そして、部下が実際にできるようになったら「助かったよ、ありがとう」「ご苦労

様」などと、必ず承認しましょう。

コピー取り、会議資料の準備、電話対応、メールの返信など、どんな小さな雑用でもかまいません。

そのうえで、たとえばコピー取りなら、ただコピーを取るだけでなく、

・会議ごとに予備部数がどれくらい必要かを把握する
・場面によって、カラー・白黒、片面・両面などを使い分けられるようにする
・資料が複数枚になったときのとじ方を覚える
・トナー交換や用紙補給ができるようにする
・メンテナンス会社の連絡先を教え、複合機の不具合に対応できるようにする
・補充物の発注の仕方を覚える

といったことまで上司が教え、〝完璧に〟できるようにしてもらいます。

上司から見れば、小さなことですが、スキル不足の部下にとってはこれができるようになるだけで自信を持つことができるのです。

ほんの些細なことでも上司が「承認」するだけで、部下は劇的に変わる

以前、私の研修を受けたTさんという方がいます。

Tさんは、いくら指導しても仕事ができるようにならない部下がいると悩んでいました。

しかし、「成長の5ステップ」のステップ1を試したことで、部下育成の悩みが減ったそうです。

研修で、「まず、できることを完璧にできるようにすることから」と伝えたところ、Tさんはとても驚いて、「もしかしたら、これまで部下を急かしすぎていたのかもしれない」「一刻もはやく戦力になってほしいという思いや期待が空回りしていたのかもしれない」と感じたそうです。

その後、「部下が今できていることはどんなことだろう？」と考えたところ、会議の際の「お弁当の発注」ならできることに気がつきました。

本当に些細なことだったので、改めて考えてみるまでわからなかったのです。

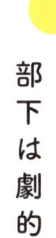

研修後、Tさんは「本当に効果があるのかな?」と思いながらも、その部下に「いつもお弁当の注文をとりまとめてくれてありがとう。助かってるよ」と、承認の声かけをしました。

すると、そこから部下が少しずつ変わりはじめました。

今まで眉間にしわを寄せてブツブツ独り言を言っている時間が長かった部下が、職場のメンバーに質問してくるようになったのです。

その部下は中途採用だったのですが、周囲に遠慮してわからないことを質問できずにいたため、つまずいていたのです。

「部下が今できている部分」をしっかり承認することは、部下の居場所を作ってあげることにもつながります。

Tさんが承認したことで、その部下は「今の職場にも自分の居場所がある」と感じ、少しずつ自信を取り戻し、自ら行動できるようになったのです。

その部下は、今では、チームリーダーをまかせられるようになるまで成長したそうです。

このように、ほんの些細なことを承認するだけでも部下の仕事のパフォーマンスは劇的に改善するのです。

ステップ1は、上司からしてみるとあまりにも小さな一歩ですので、つい飛ばしてしまいがちです。しかし、こういった小さなことでも部下にとっては大きな一歩なのです。

ぜひ、バカにすることなく取り組んでみてください。

こういった細かい部分への理解や配慮が、今かつてないほどリーダーに求められているのです。

ステップ2
できない「作業」をできるようにする

未知の仕事を覚えるときは、まず「作業」から

ステップ1では、今できていることを承認し、それを完璧にできるようにしました。ステップ2からは、できていないことをできるようにしていきます。

部下が今できないことをできるように指導する際には、訓練や経験の必要な「スキル」からではなく、「作業」を優先します。

前述の通り、「作業」は、やり方さえわかればできるようになるので、すぐに成果を実感できるからです。この段階でも、「できなかったことができるようになった」という成功体験をいかに積ませるかがポイントです。

また、仕事の基礎である「作業」ができていないと、それを応用する「スキル」は身につきません。

少しでもはやく部下を成長させようと、いきなりスキルが必要な仕事をまかせてしまうと、部下の自信を削ぎ、つぶしてしまうことにもなりかねないのです。

まだ泳げない子どもに「水に入れば浮くから、飛び込んでみろ」と、無理やりプールに放り込んだら、たいていの子どもは怖がって次から水に近づかなくなります。

子どもを泳げるようにするには、教えればすぐにできる作業レベルのことを1つずつマスターしてもらうほうが結果的にはやく泳げるようになります。

「水着が着られたね」「プールに入れたね」「水に顔をつけられたね」「浮けたね」「潜れたね」と、1つずつ成功体験を積ませていくのです。仕事もそれと同じです。

アクションリストで「未知」の仕事を「既知」にする

できない作業に挑戦してもらう際は、作業の一連の流れを細かく分解し、可視化しておくことが有効です。

具体的には、手順をまとめた「アクションリスト」を作るのです。

「アクションリスト」を作ると聞くと、面倒に感じる方がほとんどだと思いますが、上司のあなたにとっては簡単であたり前のことでも、部下にとってははじめての作業がたくさんあります。アクションリストがないと、簡単な作業でも難しく感じてしまうのです。

人は心理的に、未知の作業を怖がります。前述のように、脳は、新しい仕事に挑戦したり、慣れない業務をしたりするよりも現状維持をよしとします。新しい業務をするか・しないか迷ったときは、行動しないほうが安全だと判断する脳の防衛本能が、私たちには備わっているからです。

そのため、部下にとって未知の仕事のやり方を、詳しく伝えずに指示だけすると、部下は逃げ出したくなるのです。

逆に言えば、アクションリストを作っておくだけで、「未知」の仕事を「既知」にすることができるということ。

さらに、アクションリストがあれば、部下は、上司にいちいち聞かなくても、自分のペースで随時、確認しながら作業を進めていくことができますので、上司の仕事が格段にラクになります。これが大事なのです。

アクションリストの作り方

アクションリストの作り方はとても簡単です。

まず、リスト化する作業を細かく分解し、その1つひとつを付せんに書き出していきます。

次に、書き出した付せんを、時系列に並べていきます。

最後に、すべきことをエクセルなどを使って表にまとめます。

これで、アクションリストが完成します。


たとえば、ボールペンの備品管理であれば、次のようなアクションリストがあれば、誰でも行うことができます。

1．ボールペンの保管場所（在庫棚の右上）

2. ボールペンの商品名（××ペン）

3. 在庫数の確認（本数を確認する）

4. 在庫確認のタイミング（毎週火曜日と木曜日）

5. 最低在庫（残り10本になったら発注する）

6. 1回の発注数（50本単位で発注する）

7. 発注のタイミング（毎週火曜日と木曜日の16時まで）

8. 発注先（発注先のホームページアドレス）

9. 商品番号（当該ボールペンの商品番号）

10. 納品までの期間（発注日翌日に納品）

11. 納品時の確認（商品名と納品数）

アクションリストを作成するのは上司の仕事です。最初は大変ですが、一度作ってしまえばそれをひな型にして使いまわすことができます。

さらに、それを見本にして経験豊富な部下に、ほかの作業のアクションリストの作成を依頼することもできます。

アクションリストは部下に自信を植えつける

以前、私の研修を受けたAさんは、ファックス送信作業のアクションリストを作成したことがきっかけで、部下育成の悩みから解放されました。

研修中にアクションリストを作ることの重要性を伝えたところ、Aさんは「そこまでしないといけないのか」と、がっかりされていました。

研修の翌日、Aさんの部下がファックスを誤送信し、トラブルを起こしました。いつもなら、「なんでそんなあたり前のことを確認しなかったんだ！」と、部下を叱りつけるところでした。

しかし、Aさんは怒りをグッと我慢し、「ファックス送信のアクションリストがあったら、ミスを防げたかもしれないね。一緒に作ってみないか」と部下に声をかけました。実際にアクションリストを作ってみると、30分もかからず完成しました。そして、それを部内全員に配付したのです。

それがきっかけで、部下が変わりはじめました。

後日、ファックスを誤送信した部下から「メール返信や電話応対などについても、アクションリストを作りたい」という提案があったのです。じつは、その部下は作業をマニュアル化するのが得意だったのです。

その部下の変化が部署全体に伝播して、部の雰囲気が少しずつ変わり、部下がそれぞれ得意なことでメンバーの役に立てることを自ら提案し、実行してくれるようになったそうです。

どんなに簡単な仕事でも、今までできなかったことができるようになると、自信がつきます。すると、いつの間にか仕事が楽しくなって、部下が自ら考え動き出すようになります。

この段階までできたら、難しい仕事にチャレンジする土台が準備できたといっていいでしょう。

ステップ3　できない「スキル」をできるように訓練する

ステップ3－1　部下に仕事に対する具体的なイメージを持たせる

部下が場数を踏んで、ある程度仕事に慣れて自信がついてきたら、「スキル」を身につけてもらいます。これが「成長の5ステップ」のステップ3です。

このステップでは、トレーニングが必要だと認識してください。

トレーニングには2つの段階があります。1つずつ解説していきましょう。

スキルを教える際には、まず部下に自分1人でその業務を遂行している具体的なイメージを持たせることが大切です。

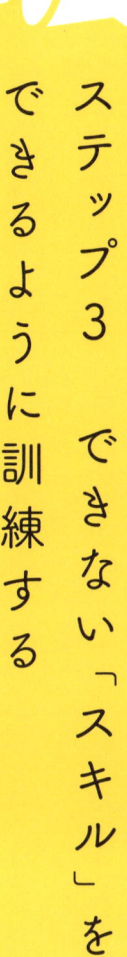

たとえば、窓口での顧客対応であれば、**「要するにお客様の要件を満たして満足して帰ってもらえばいい」というざっくりしたゴールイメージ。そして、そのために自分がやるべき仕事の一連の流れのイメージです。**

この2つのイメージが持てると、部下は自分で動きやすくなります。

私は目標実現の専門家として、オリンピックに出場しているトップアスリートのサポートもしています。そのとき必ず行うのが、イメージトレーニングです。

多くのアスリートは、試合前にイメージトレーニングを行います。

頭のなかに具体的なイメージを持つことで、理想のプレイが現実化する可能性が高まるからです。

脳は「実際に経験したこと」と「頭のなかで鮮明にイメージしたこと」を区別するのが苦手です。たとえ未経験のことであっても、リアルにイメージすると、脳は同じような領域を使って情報処理を行います。だから、イメージトレーニングをすることで、パフォーマンスが向上するわけです。

これはスポーツにかぎった話ではありません。仕事でも同じです。

仕事のゴールと一連の流れを具体的にイメージすることで、よりはやく成果につなげることができるのです。

仕事のイメージを定着させる方法

では、どのようにすれば部下が仕事に対するイメージを持つようになるのでしょうか？

それは、上司が「トーク」→「デモンストレーション」→「ワーク」の順で仕事を教えることです。

「トーク」とは説明のことです。部下にマスターしてもらいたいスキルについて、上司が説明します。

その際、「理由」「根拠」「やり方」「最初の10秒アクション」の４つを漏らさず伝えることで、一連の流れやポイントを的確に伝えることができます。

・**理由：その仕事をする目的と必要性**
・**根拠：「理由」を証明するデータなど**
・**やり方：手順**
・**最初の10秒アクション：最初に着手すべきこと**

たとえば、窓口での顧客対応について説明するのであれば、次のようになります。

・**理由：窓口対応は会社の顔。お客様との接点を作ることができる**
・**根拠：窓口対応の仕方によって、顧客満足度が変わるというデータなどを提示する**
・**やり方：窓口対応の手順を教える**
・**最初の10秒アクション：笑顔であいさつし「どうぞおかけください」と伝える**

これは、どんな種類の仕事でも同じです。この4つのポイントを漏らさず伝えることで、部下の理解度が格段に向上するのです。

トークの次は、デモンストレーションです。デモンストレーションとは、実際に上司がやってみせること。

連合艦隊司令長官を務めた、山本五十六の言葉に、

やってみせ　言って聞かせて　させてみて　ほめてやらねば　人は動かじ
話し合い　耳を傾け　承認し　任せてやらねば　人は育たず
やっている　姿を感謝で　見守って　信頼せねば　人は実らず

という、人材育成の要諦をまとめた名言があります。

デモンストレーションは、このなかの「やってみせ」にあたります。

窓口業務を教えるのであれば、実際に上司が手順通りにやってみせましょう。そうすることで、イメージも湧きやすくなるのです。

「トーク」「デモンストレーション」が終わったら、最後は「ワーク」です。ここでは、部下に実際にやってもらいます。

ほかの社員にお客様役をやってもらい、ロールプレイをしてみるのです。
そして、できているところ、さらによくするための課題・アドバイスをフィードバックしていきます。

「トーク」→「デモンストレーション」→「ワーク」。この順序で教えることで、部下は、仕事のゴールと一連の流れを鮮明にイメージすることができます。このイメージによって効率的にスキルを習得することができるようになるのです。

ステップ3-2 教えたことを繰り返しアウトプットさせる

「トーク」→「デモンストレーション」→「ワーク」の順で仕事を教え、具体的なイメージを持ってもらったら、次はそれを繰り返しアウトプットしてもらいます。

何かを学ぶうえで、「以前教えてもらったのは覚えている。でも、肝心のやり方を忘れてしまった……」という経験は誰にでもあるものです。

しかし、「なんで数日前に教えてもらったことが覚えられないんだ」と、自分を責めても仕方ありません。脳はそういう仕組みになっているのです。

そもそも人は覚えるよりも忘れるほうが得意です。脳には外部から常に大量の情報が入ってきます。もし見聞きしたあらゆることを忘れられないとしたら、あっという間に脳の容量が限界を超え、私たちは混乱し、ストレスが増してしまいます。

そのため、脳には必要と判断したことだけを絞り込んで記憶する性質があるのです。

その判断を行っているのが海馬です。海馬が取捨選択の作業をして、必要な情報だけを大脳皮質に送り、長期記憶として脳内に留めておくのです。

では、海馬がその情報が必要かどうかを判断する基準とはなんでしょうか？

それは、「生きるために必要かどうか」。つまり、命に関わるような知識を必要なことだと判断して、長期記憶として保存します。

仕事に関する知識は、残念ながら人の生死に関わるような情報ではありません。

海馬は「これを覚えなくても死ぬことはない」と考えるので、放っておくと短期記憶から取り除かれてしまいます。ですから仕事に必要な知識を、海馬に重要だと思っ

てもらい、長期記憶に保存する必要があるのです。

もちろん、その方法はちゃんとあります。

それは反復学習、つまり復習です。

同じ情報を繰り返し脳に送ることで、海馬にそれが生死に関わる情報だと勘違いさせ記憶として定着させることができるのです。

その際のポイントは、インプットしたときから30日以内に繰り返すこと。海馬のなかに情報が短期記憶として留まっているのが約30日間だからです。

30日間で何度も繰り返し復習すれば、海馬はそれを必要な情報だと判断して、大脳皮質へと情報を移し、長期記憶として保存してくれます。

つまりアウトプットすることが、インプットにつながるのです。

アウトプットの方法

教えたことを部下にアウトプットさせる方法は、以下の4つがあります。

・言わせる（復唱、音読）
・書かせる
・実践させる
・考えさせる

「言わせる」とは、教えたことを復唱させる、紙に書いて音読させる、もしくはわからないことを質問させることです。

「書かせる」とは、教えたことを紙に書かせること。穴埋め問題などを作って回答させてもいいでしょう。

「実践させる」とは、ロールプレイを繰り返すことです。

最後の「考えさせる」とは、成功、失敗についてそれぞれシミュレーションしてもらったり、チェックリストを作って、できていることと、できていないことを部下自身に確認してもらうことです。

こうやって、教えたことを実際にアウトプットしてもらうことで、部下はスキルを習得することができるのです。

ステップ4 「作業」を教えられるようにする

ステップ1から3までで、部下のスキル不足は解消され、自ら考え動くことができるようになります。しかし、部下育成はこれで終わりではありません。

次は、部下自身が後輩を育成できるようにする必要があります。

後輩を指導できるよう部下を教育することで、上司自身の仕事をラクにすることができるからです。

上司としても、組織としても、人が育たないと困ります。

なかには、「部下に教え方を教えるよりも、自分で教えたほうがはやいし、成果も上がる」と、なんでも自分でやってしまう上司もいます。短期的な視点で考えると、こちらのほうが成果につながるかもしれませんが、長期的に見ると、上司はどんどん追い込まれ、パフォーマンスが低下していきます。

指導をまかせられる人が育たないのですから、人が増えれば増えるほど上司の仕事が増え、成果を出し続けることができなくなるのです。

ここまで読んで、「ステップ1から3まで教えた時点で、部下は仕事ができるようになっているわけだから、教え方を教えなくてもいいのではないか？」と疑問に思った方も多いことでしょう。

しかし、仕事ができる人が、必ずしも仕事を教えるのが得意なわけではありません。仕事ができるからこそ、できない人がどこでつまずくかがわからない、できない人の気持ちがわからないということもよくあります。

仕事ができることと仕事を教えられることは、まったく別のスキルです。たとえ仕事ができる部下だったとしても、ほかの人に教えられるようになるには、トレーニングが必要なのです。

では、どうすれば、部下を教え上手にすることができるのでしょうか？

じつは、その手順をすでにあなたは学んでいます。

そう、ここまでお伝えしてきた「成長の5ステップ」のステップ1から3までを教え、実践してもらえばいいのです。

本書を渡し、読んでもらってもいいですし、ここまでの流れを端的にまとめ、部下と一緒に1つずつ確認していってもいいでしょう。

最大のポイントは、教える相手の現状を把握し、できるところまで戻ること。

そして、まずはステップ1〜2「作業」の教え方までを学んでもらうことです。

「成長の5ステップ」に沿ってトレーニングすれば、誰でも人に教えられるようになります。

上司にとって、部下が戦力になってくれるのは大きいですし、部下のほうも人に教えることで、さらなるスキルアップを図ることができます。

ステップ5 「スキル」を教えられるようにする

部下が、自身の後輩に「作業」を教えられるようになったら、次は「スキル」を教えられるようトレーニングしていきます。

「成長の5ステップ」のステップ3を教えればいいのです。

ただし、スキルを教えられるようになるまでには、少し時間がかかります。作業を教えるのは、手順を明確にし、順を追って説明するだけでできるようになりますが、スキルを教えるには、アウトプットを繰り返し、経験を積み重ねることが必要だからです。

また、それらを習得するスピードには、個人差があることにも注意が必要です。そして、その部下の下についている後輩の特性によっても、成果が上がるまでの時間が変わってきます。

「1を知って10を理解する」タイプの後輩であれば、成果が出るのがはやいわけですが、全員がそうではないでしょう。

このように、スキルを教えられるようになるためには、さまざまな課題をクリアする必要があるため、どうしても時間がかかるのです。

そこは、我慢が必要です。

以前、「教え方」を教えたことで、部下を急成長させることができた、という受講生の方がいました。

その人の部下であるKさんは、仕事のできる優秀な部下でした。ただ、Kさんは「仕事ができる」ことに満足していました。これでは、上司の仕事はラクになりません。

そこで、上司はKさんに「あなたは、自分のスキルを後輩に教えられますか？」と問いかけました。すると、Kさんは返答につまってしまいました。

それまでKさんは、「人に教える」ということを意識したことがなかったのです。

その後、「どうしたら、自分以外の人も仕事ができるようになるのか」「後輩にどう伝えたらわかりやすいのか」と考えるようになったKさんは、仕事に対する態度が劇的に変わりました。

自身の後輩について上司に相談するようになり、最終的に後輩の指導を自ら買って出るようになったのです。

積極的に後輩を指導するようになったことで、Kさんは自分自身の仕事についての理解をより深めるようになりました。

結果的にKさんは、プレーヤーとしても、リーダーとしても成長したのです。

このように、「人に教えられる」というスキルを習得することは、部下自身の成長にも大きく寄与します。

ぜひ、あなたも「成長の5ステップ」に沿って、ご自身の部下が後輩を育てられるようになるまで指導してみてください。

それによって、さらなる成果と、自分の時間を手に入れることができるのです。

部下の成長は急に訪れる

私はこれまで、本書でお伝えしてきた内容を、1万人以上のリーダーに教えてきました。その過程で多くいただく質問があります。

それは、「一生懸命取り組んでいるのだけれど、なかなか部下が変わってくれない」というものです。

これには理由があります。

それは、「人は加速度的に成長する」からです。

以前、私が尊敬する経営者の方から、行動と成長、成果の関連性について、ミドリムシにたとえて教えてもらったことがあります。

その方は、私にこんなことを尋ねました。

ミドリムシは30分に1回増殖するとても小さな生き物だ。このミドリムシが増殖を繰り返すと、30日で覆い尽くされる大きさの池があったとするよね？
じゃあ、実際どういうふうに池が覆い尽くされていくかわかる？

私は「わからないです……」と正直に答えました。
すると、こんな答えが返ってきました。

じつは、27日目の段階まで、ミドリムシは池の8分の1しか覆うことはできないんだ。28日目になって、ようやく池の4分の1が覆われる。そして、29日目になって、半分が覆われるようになり、最後の30日目に、いっきに残り半分が覆われ、すべてがミドリムシで覆い尽くされるんだよ。

その答えに、私は衝撃を受けました。ミドリムシは、一定の速度で増殖を繰り返して、着実に増えています。
けれど、池の外から見ていると、20日を過ぎた時点でも、池にミドリムシがいるのかどうかすらわからないのです。

ところが、最後の最後になって、その増殖の度合いが目に見えるようになり、驚くほどのスピードで覆い尽くされていくというのです。

「成長は二次曲線」とよく言いますが、この話はそれと合致します。

どれだけ頑張って部下を指導したとしても、すぐに目に見える成果が出てくることは少ないでしょう。しかし、あきらめずに信じて見守る先に、驚くほど成長をとげた、未来のリーダーが生まれるのです。

部下を信じ、次世代のリーダーに育てられる上司こそ、本物のリーダーであると私は信じています。

第4章のまとめ

部下のスキルアップを助ける「成長の5ステップ」とは?

- 「成長の5ステップ」とは、仕事を「作業」と「スキル」に分け、それぞれを訓練し、人に教えることができるくらい習熟させていく仕組み。
- 「作業」とは、教えればすぐにできる仕事。「スキル」とは、習得するために訓練が必要な仕事のこと。

「成長の5ステップ」

ステップ1　できることを完璧にできるようにする

部下のできているところを承認し、完璧にできるようにする。

ステップ2　できない「作業」をできるようにする

アクションリストを作り、「未知」の作業を「既知」の作業に変える。

ステップ3　できない「スキル」をできるように訓練する

部下に仕事に対するイメージを持たせ、繰り返しアウトプットさせる。

ステップ4　「作業」を教えられるようにする

「成長の5ステップ」のステップ1〜2までを部下に教える。

ステップ5　「スキル」を教えられるようにする

「成長の5ステップ」のステップ3を部下に教える。

おわりに

最後まで読んでいただき、ありがとうございました。

私はこれまで、「本当に辛い……」というリーダーの声を何度も聞いてきました。

部下育成の悩みを抱える人は、部下のことを真剣に考えている人です。

部下を成長させてあげたい。

もっと、大きな仕事をまかせられるよう育てたい。

少しでも成功体験を積んでもらいたい。

こんなふうに真剣に考え、本を読んだり、研修を受けたり、勤務時間外に部下やチームのことに思いを馳せたり……、これまでさまざまな試行錯誤をしてきたはずです。

また、リーダーをまかされたあなたの肩には、リーダーとしての役割以外にもさまざまな重責がのしかかります。

1人のビジネスパーソンとしての方向性を決める、自分に対する責任。

さらに、結婚、子育て、介護、地域活動、ボランティアなど、プライベートでも、より大きな責任を背負っている方もいるでしょう。

自身の仕事と部下育成、そしてプライベートとのはざまで悩み、苦しんでいるリーダーに少しでもラクになってほしい。その一心で本書を執筆しました。

最後にお伝えしたいことがあります。

それは、自ら考え動く部下を育成するための方法は、シンプルで簡単だということです。

けっして、スーパーマンになる必要はありませんし、ビジネススクールで学ぶような難しい理論をマスターする必要もありません。

本書では、最小の力で最大の効果、結果を出すためのメソッド「行動イノベーション・トーク」と「成長の5ステップ」を紹介しました。

この2つのメソッドを実践した先には、自ら考え動き、のびのびと働く部下やチームスタッフの姿があるでしょう。

そしてリーダーであるあなた自身も、余裕を持って理想の未来を描き、それをカタチにするためにイキイキと働くことができるようになるはずです。

私の役割は、リーダーのみなさんに、シンプルな実践メソッドを提供し、リーダーの重圧を少しでもラクにすること、そして会社でも家庭でもイキイキ活躍していただくことだと考えています。

ぜひ、本書でお伝えした2つのシンプルメソッドを実践してみてください。

部下やチームスタッフの「できること」に目を向け、理想の未来を語る時間を増やしていけば、職場が少しずつ変わっていきます。

リーダーが淀みなく、熱意を持って指をさす先に、魅力的な未来がイメージできれば、一体感のある最強のチームが出現します。

情熱を伴った対話、そこから生まれる真のモチベーションこそが、組織・チームの新しい扉を開くのです。

本書は、たくさんの方の支えによってでき上がりました。

本書の編集を担当してくださった重村啓太さんをはじめ、かんき出版のみなさまに心より感謝いたします。

また、いつもやりがいのある仕事をさせていただけるのは、クライアントのみなさま、行動イノベーションアカデミーのみなさま、仲間、家族のおかげです。

本当にありがとうございます！

そして、人生でも仕事でも、最も信頼のおけるパートナーとして、的確なサポートをし続けてくれる妻、朝子。大切なこととは何か、鏡となって教えてくれる2人の息子、晃弘、達也。

3人の愛する家族に本書を捧げます。

息子たちが社会人になる2030年には、魅力的なリーダーで溢れ、安心して働き、自己発揮できる、そんな可能性に満ちた社会をプレゼントしたい。

大人も子どもも、自分の夢や目標にまっすぐに進んでいける社会にしたい。

その一助となればと思い、本書を執筆しました。

最後に、この本を読んでくださったあなたに最大級の御礼を申し上げます。
ありがとうございます！
ぜひ、率直な感想をお聞かせください。いただいた感想は本気で一生懸命読ませていただきます。感想は、次のアドレスにご送信ください。

info@a-i.asia（件名「行動イノベーション・トーク感想」）

また、「行動イノベーション・トーク」の解説音声や動画、「信頼関係構築」オリジナルシートなど3つの特典をダウンロードできる、読者限定の特設ページもご用意しました。ぜひ、ダウンロードしていただき、本書で紹介したメソッドに対する理解を深めてください。

http://a-i.asia/kodo-talk

「行動イノベーション・トーク」と「成長の5ステップ」によって、1人でも多くのリーダーが自分の可能性を最大限に開花させ、仕事にやりがいを感じつつ、自然体の笑顔に満ちた成長の日々を過ごせますように！

近い将来、あなたにお会いできる日を楽しみにしております。

大平　信孝

【参考文献】

『人生の意味の心理学』（A・アドラー著・高尾利数訳・春秋社）
『性格は変えられる』（野田俊作著・創元社）
『嫌われる勇気』（岸見一郎・古賀史健著・ダイヤモンド社）
『勇気づけの心理学』（岩井俊憲著・金子書房）
『成功するのに目標はいらない！』（平本相武著・こう書房）
『単純な脳、複雑な「私」』（池谷裕二著・講談社）
『寝ている間も仕事が片づく超脳力』（中井隆栄著・幻冬舎）
『完全なる経営』（A・H・マズロー著・日本経済新聞出版社）
『組織行動のマネジメント――入門から実践へ』ステファン・P・ロビンズ著・高木晴夫訳・ダイヤモンド社）
『GIVE&TAKE「与える人」こそ成功する時代』（アダム・グラント著・楠木健訳・三笠書房）
『人を動かす』（D・カーネギー著・山口博訳・創元社）

『マネジメント』（P・F・ドラッカー著・上田惇生訳・ダイヤモンド社）
『イノベーション・オブ・ライフ ハーバード・ビジネススクールを巣立つ君へ』（クレイトン・M・クリステンセン他著・櫻井祐子訳・翔泳社）
『モチベーション3・0』（ダニエル・ピンク著・大前研一訳・講談社）
『ザ・ドリーム・マネジャー』（マシュー・ケリー著・橋本夕子訳・海と月社）
『帝王学』（山本七平著・日本経済新聞社）
『一倉定の経営心得』（一倉定著・日本経営合理化協会出版局）
『チームで最高の結果を出すマネジャーの習慣』（小林一光著・すばる舎）
『結局、「すぐやる人」がすべてを手に入れる』（藤由達藏著・青春出版社）
『一生を変えるほんの小さなコツ』（野澤卓央著・かんき出版）

【著者紹介】

大平 信孝（おおひら・のぶたか）

◉——株式会社アンカリング・イノベーション代表取締役。第一線で活躍するリーダーのメンタルコーチ。目標実現の専門家。中央大学卒業。長野県出身。

◉——会社員時代、自身が部下育成に悩んだ経験から、脳科学とアドラー心理学を組み合わせた、独自の目標実現法「行動イノベーション」を開発。その卓越したアプローチによって、これまで１万人以上のリーダーの部下育成に関する悩みを解決してきたほか、オリンピック出場選手、トップモデル、ベストセラー作家、経営者など各界で活躍する人々の目標実現・行動革新サポートを実施。その功績が話題となり、各種メディアからの依頼が殺到している。全国各地で開催する研修セミナーは常に満席。リーダー向けの企業研修やパーソナルコーチングは、現在３カ月待ちとなっている。

◉——また、部下育成のためのメソッド「行動イノベーション・トーク」を広めるべく、「行動イノベーションアカデミー」を運営。日本全国から集まるリーダーに、研修、講演、個人サポートを提供している。これまでサポートしてきた企業は、IT、通信教育、商社、医療、美容、小売りなど40以上の業種にわたる。６冊の著作の累計発行部数は15万部を超え、中国、台湾、韓国など海外でも広く翻訳されている。おもな著書に、『本気で変わりたい人の行動イノベーション』（秀和システム）、『先延ばしは１冊のノートでなくなる』（大和書房）などがある。

★無料メールマガジン「行動イノベーション通信」
https://www.reservestock.jp/subscribe/43921

★著者問い合わせ先
info@a-i.asia

指《し》示《じ》待《ま》ち部《ぶ》下《か》が自《みずか》ら考《かんが》え動《うご》き出《だ》す！　〈検印廃止〉

2018年７月23日　第１刷発行

著　者——大平　信孝
発行者——齊藤　龍男
発行所——株式会社かんき出版
東京都千代田区麴町4-1-4 西脇ビル　〒102-0083
電話　営業部：03(3262)8011㈹　編集部：03(3262)8012㈹
FAX　03(3234)4421　振替　00100-2-62304
http://www.kanki-pub.co.jp/

印刷所——図書印刷株式会社

乱丁・落丁本はお取り替えいたします。購入した書店名を明記して、小社へお送りください。
ただし、古書店で購入された場合は、お取り替えできません。

ISBN978-4-7612-7357-6 C0030